Alfred Waize

Die Welt der Rechenmaschinen

Alfred Waize

Die Welt der Rechenmaschinen

Die wechselvolle Geschichte der
Rechenmaschinenentwicklung von den Anfängen bis zum
Ende in Sömmerda

Stationen einer Entwicklungsgeschichte

Die Deutsche Bibliothek - CIP-Einheitsaufnahme
Die **Welt der Rechenmaschinen** : die wechselvolle Geschichte der Rechenmaschinenentwicklung von den Anfängen bis zum Ende in Sömmerda ; Stationen einer Entwicklungsgeschichte / Alfred Waize. - Erfurt : Desotron-Verl.-Ges., 1999
ISBN 3-932875-09-5

Zum Gedenken an zwei deutsche Rechenmaschinenkonstrukteure: Richard Berk und August Kottmann. Richard Berk konstruierte die erste Rechenmaschine, die „Saldo", in Sömmerda, und August Kottmann war der überragende Konstrukteur von Rechenmaschinen nach dem Staffelwalzensystem. Er entwickelte die Fakturiermaschine, welche 1937 zur Weltausstellung in Paris den „Grand Prix" erhielt. Durch diese Konstrukteure wurde die Firma Rheinmetall in Sömmerda mit ihrer Schreib- und Rechenmaschinenentwicklung zur größten Produktionsstätte von Büromaschinen in Europa. Sie brachte vielen tausend Menschen in Sömmerda und der Region für viele Jahre Arbeit und Brot.

Alle Rechte vorbehalten. Dieses Werk sowie einzelne Teile davon sind rechtlich geschützt. Jede Verwertung in anderen als den gesetzlich zugelassenen Fällen ist ohne vorherige schriftliche Einwilligung des Verlages oder des Autors nicht zulässig.

© DESOTRON Verlagsgesellschaft
Dr. Günter Hartmann & Partner GbR
Erfurt 1999
Satz: DESOTRON Design Software Elektronik GmbH Sömmerda
Verarbeitung: Gutenberg Druckerei GmbH Weimar
Printed in Germany
ISBN: 3-932875-09-5

Inhalt

Vorwort 9

1 **Über die Finger zu den Zahlensystemen und zu den ersten Rechengeräten**
 1. Unsere Vorfahren rechneten mit den Fingern - die Entwicklung der Zahlzeichen 11
 2. Die ersten Rechenhilfsmittel 12

2 **Die Urahnen der Rechenmaschinen stellen sich vor**
 1. Die Rechenmaschine, die über Zahnräder Zahlen treibt -1623 Wilhelm Schickard 15
 2. Der Rechner, der wie ein Kilometerzähler arbeitet - 1642 Blaise Pascal 17
 3. Die Rechenmaschine mit der Staffelwalze als Grundelement - 1672 Gottfried Wilhelm Leibniz 19
 4. Die Sprossenradmaschine - 1727 Antonius Braun 22
 5. Die Vierspezies- und Addiermaschine aus Württemberg - 1774 Philipp Matthäus Hahn 23
 6. Die Differenzenmaschine aus England - 1833 Charles Babbage 25

3 **Die unterschiedlichsten Rechenmaschinen entstehen**
 1. Beginn der ersten gewerblichen Fertigung mechanischer Rechenmaschinen - 1820 Charles Xavier Thomas 26
 2. Um die Jahrhundertwende entstehen verschiedenartige Rechenmaschinen 27
 3. Sprossenrad- und Staffelwalzenmaschinen führten das Feld der wichtigsten Rechenmaschinen an 30

4 Die Rechenmaschinen verbinden sich mit Schreibmaschinen
1. Als die Schreibmaschinen das Rechnen lernten 33
2. Schreibende Addiermaschinen -
   sie können nur Addieren und Subtrahieren 35
3. Als die Rechenmaschinen das Schreiben lernten 40
4. Als die Rechenmaschinen noch das Buchen lernten . 41

5 In Sömmerda wird ab 1920 die erste Rechenmaschine entwickelt
1. Es war im Jahr 1921 in Sömmerda,
   als die „Saldo" entstand 44

6 Die Vielfältigkeit der Rechenmaschinenproduktion in Sömmerda
1. Wer war August Kottmann? 50
2. August Kottmanns erste Konstruktion 52
3. Gemeinsame Eigenschaften
   aller Rheinmetall-Rechenmaschinen 53
4. Handrechenmaschinen - 1922 bis 1927 54
5. Elektrisch angetriebene Rechenmaschinen - 1924 ... 59
6. Halbautomaten - 1929 63
7. Superautomaten - 1931 64
8. Addier- und Saldiermaschinen - 1931 66
9. Fakturiermaschinen - 1932 69
10. Zusammenfassung 73

7 **Der Neuanfang ab 1945 in Sömmerda**
   1. Der Weg des Rechenmaschinenkonstrukteurs
      Curt Herzstark nach Sömmerda 74
   2. Herzstarks Pfeffermühle 76
   3. Die Kleinstrechenmaschine von Herzstark wird
      in Liechtenstein produziert 79

8 **Die neuen Rechenmaschinenkonstruktionen
   in Sömmerda ab 1945**
   1. Der Neubeginn unter August Kottmann 82
   2. Mechanisch angetriebene Rechenmaschinen -
      die Handrechenmaschine 84
   3. Elektrisch angetriebene Rechenmaschinen 84
   4. Halbautomaten 86
   5. Superautomaten 86
   6. Rechenautomaten 87
   7. Addier- und Saldiermaschinen 91
   8. Fakturiermaschinen 93
   9. Visionen der Rechenmaschinenentwicklung aus der
      Sicht von August Kottmann 94

9 **Das neue Zeitalter in der Rechentechnik**
   1. Der Übergang von der Elektromechanik
      zur Elektronik 98
   2. Elektronische Tischrechner 99
   3. Elektronische Fakturierautomaten 102
   3. Buchungs- und Fakturierautomaten 104
   4. Elektronische Taschenrechner 105

10 Der Übergang zur PC-Technik in Sömmerda
1. Die Mikroelektronik setzt sich durch 107
2. Der Bürocomputer A 5110 107
3. Personalcomputer 108

Anhang
Briefmarken zur Rechentechnik 114
Der Rechenmaschinenbau in Deutschland ab 1900
1. Die Zeit bis zum Ersten Weltkrieg 115
2. Die Zeit von 1919 bis zum Zweiten Weltkrieg 127
3. Die Nachkriegszeit bis zur Gegenwart 134

Nachwort 139

Literatur und Bildverzeichnis 140

Vorwort

Am Ende dieses Jahrhunderts erinnern sich noch viele Menschen an die Zeit, als sie sich vorbehaltlos den Errungenschaften von Wissenschaft und Technik anvertraut hatten. Wir glaubten, daß technischer Fortschritt stets zugleich auch sozialer Fortschritt bedeutet. Aber nicht wenige waren es, denen zum Beispiel die Erfindung des Webstuhls, der Dampfkraft, der Eisenbahn, des Autos und der Schreibmaschine bedrohlich erschien. Letzten Endes dienten sie aber dem Fortschritt und waren nicht mehr aus dem Bewußtsein des Menschen zu verdrängen.

Historische Ausstellungen und Sammlungsgebiete in Museen zeigen uns den Weg der technischen Entwicklung aus vergangenen Zeiten. Aber auch Bücher, Schriftstücke und Notizbücher von Konstrukteuren über technische Erfindungen bringen uns in die Vergangenheit zurück. Das trifft auch auf Büromaschinen zu. So wie die Schreibmaschine die Welt in den Büros verändert hat, so haben auch Rechen- und Fakturiermaschinen dazu beigetragen, die Arbeitsweise in den Büros und Fabriken zu beeinflussen. Und da ist es nicht verwunderlich, daß oft der Wunsch entsteht, mehr über diese vergangene Zeit, über den Prozeß tiefgreifender Umwälzungen und der Phasen der technischen Entwicklungen zu erfahren.

Und so laut die Zahnräderwerke früher bei jedem Rechenprozeß auch ratterten, so geräuschlos sind die mechanischen und elektrischen Rechenmaschinen in die Museen verschwunden, wo sie nicht gänzlich vergessen werden. Und auch im Zeitalter der elektronischen Taschenrechner erinnert sich so mancher der guten alten Zeit, als Rechenmaschinen unterschiedlichster Bauart auf Schreibtischen standen.

Als ein Ort dieser Entwicklung mechanischer, elektrischer und elektronischer Schreib- und Rechenmaschinen ist die Stadt Sömmerda in Thüringen weltweit bekannt geworden. Hier hat sich ab 1920 die Firma Rheinmetall zum größten Büromaschinenwerk Europas entwickelt. Die wechselvolle Geschichte des Industriestandortes Sömmerda in Thüringen ist zuletzt im Buch „BWS Sömmerda" - Büromaschinenwerk Sömmerda - beschrieben worden. Als Ergänzung und Erweiterung folgte die Entwicklung der Schreibmaschinen[*] und die Entwicklung der Rechenmaschinen und Rechenautomaten bis hin zum Computer im inzwischen geschlossenen Werk in Sömmerda. Das Buch zeigt aber auch, daß von Sömmerda aus Impulse für die weitere Entwicklung elektronischer Büromaschinen gegeben wurden, die als Vorläufer der Computer bezeichnet werden können.

---

[*] Das Buch „Die Welt der Schreibmaschinen" - Stationen einer Entwicklungsgeschichte - befaßt sich mit der wechselvollen Geschichte der Schreibmaschinenentwicklung von den Anfängen bis zum Ende in Sömmerda

1 Über die Finger zu den Zahlensystemen und zu den ersten Rechengeräten

1. Unsere Vorfahren rechneten mit den Fingern - die Entwicklung der Zahlzeichen

Rechnen war schon immer unbequem, ganz besonders in früheren Zeiten, als es noch kein praktisches Zahlensystem gab. Unsere Vorfahren begnügten sich mit ihren Fingern, den naturgegebenen Rechen- und Zählhilfsmitteln, wenn sie rechnen mußten. Welchen Weg hatten die Zahlen hinter sich, bevor die heutige Schreibweise und in der Ziffernfolge von 1 bis 9 allgemein üblich wurde?

Es begann etwa 2500 Jahre v. Chr. Da wurden für die Ziffern 1 - 9 noch Symbole verwendet, und die Null gab es damals noch nicht. Für uns ist es heute undenkbar, ohne dieses „Nichts" auszukommen. Schließlich ist die Null ein Zeichen, das aussagt, daß nichts da ist. Die erste geschriebene Null kam etwa um 879 n. Chr. auf. Die Araber brachten etwa um 1500 n. Chr.

Die Entwicklung unserer Zahlzeichen

mit dem in Indien entstandenen Ziffernsystem mit dezimalem Stellenwert auch die Null zu uns.

Die Römer konnten sich mit ihren Zahlzeichen, die aus Buchstaben bestanden, nicht durchsetzen, insbesondere dadurch, weil der Zeitaufwand beim Rechnen größer war als beim Zehnersystem.

2. Die ersten Rechenhilfsmittel

Die Entwicklung der ersten Rechenhilfsmittel fing sehr früh an. Schon immer war der Mensch bestrebt, sich durch technische Hilfsmittel das Leben zu erleichtern. Die alten Kulturvölkern entwickelten Zählelemente wie Steinchen, Perlen oder ähnliches. Sie wurden lose auf einer mit Leitlinien versehenen Fläche hin- und herbewegt. Im alten Ägypten benutzte man Rechentische. Den gleichen Rechentisch gab es auch im alten Griechenland.

Das älteste uns bekanntgewordene Rechenhilfsmittel ist das Chinesische Rechenbrett, der Suan Pan, der vor mehr als 4000 Jahren erfunden worden sein soll. Bei ihm bildete jede Kugel in der unteren Hälfte den Wert „1", in der oberen Hälfte den Wert „5". Diese Unterteilung war zweifellos eine Erinnerung an das Rechnen mit Händen und Fingern. Mit diesem Rechenhilfsmittel konnten nur Additionen und Subtraktionen durchgeführt wer-

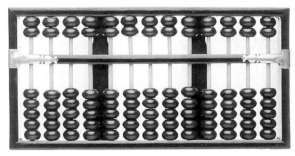

Chinesischer Suan-Pan

den. Multiplikationen und Divisionen waren nur behelfsmäßig möglich.

Diese Rechentechnik bildete die Grundlage für die erste Rechenmaschine der Antike, den Abakus. Der Abakus ist das früheste überlieferte Rechengerät der Antike. Sein Gebrauch in der vorliegenden Form läßt sich etwa vom 5. Jh. n. Chr. bis zum 3. Jh. v. Chr. zurückverfolgen. Auf dem Abakus wird mit Ausnahme der beiden ersten Stellen im Dezimalsystem gerechnet. Die unteren vier Knöpfe stellen die Werte 1 bis 4 dar, der obere die gebündelte 5.

In Ostasien, Indien und Rußland wird der Abakus noch heute benutzt. Man schätzt, daß er bei mehr als der Hälfte der gesamten Erdbevölkerung heute noch regelmäßig in Gebrauch ist.

Rechenbrett

Es war ein langer Weg, den die Erfinder mechanischer Rechenapparate gehen mußten, bevor sie die ersten feinmechanischen Wunderwerke entwickelt haben. Den Zeugnisse dieser Apparate ging das Strebens nach immer schnellerem Addieren, Subtrahieren, Multiplizieren und Dividieren voraus.

Das Rechnen mit Ziffern in Deutschland ist in erster Linie das Verdienst von Adam Riese, Deutschlands großem Rechenlehrer. Adam Riese lehrte das „Rechnen auf Linien" neben der damals gerade aufkommenden Kunst des Ziffernrechnens. Seine Rechenbücher wurden noch lange Zeit nach seinem Tode im Jahre 1559 immer wieder gedruckt, weil sie so leicht verständlich waren. Als Adam Riese im Jahre 1550 sein Rechenbuch „Rechnung nach der lenge auff der Linihen vnd Feder" veröffentlichte, konnte er nicht ahnen, daß fast 100 Jahre später die erste Rechenmaschine erfunden wird.

Die neugeschaffenen Meß- und Rechengewohnheiten fanden im 19. Jahrhundert Eingang in den industriellen Produktionsbereich. Im Zug wachsender Arbeitsteilung und Massenfertigung stieg der Bedarf an Kontroll-, Meß-, Regelungs-, Zähl- und Rechengeräten ständig an. Die Herstellung von Rechenmaschinen im industriellen Maßstab begann seit der Mitte des vorigen Jahrhunderts einen immer gewichtigeren Anteil der Arbeitswelt zu bestimmen.

2 Die Urahnen der Rechenmaschinen stellen sich vor

1. Die Rechenmaschine, die über Zahnräder Zahlen treibt - 1623 Wilhelm Schickard

Die Geschichte der Rechenmaschine im 17. und 18. Jahrhundert ist verbunden mit vielen Erfindern, die sich bemühten, das Rechnen mit Maschinen durchzuführen. Einer der ersten war Wilhelm Schickard aus Tübingen am Neckar, 1592 - 1635. Schickard war Professor der biblischen Grundsprachen, Professor der Mathematik und Astronomie in Tübingen und Freund von Johannes Kepler, einem Astronomen, dem er 1617 zum ersten Mal begegnete.

Schickard konstruierte im Jahre 1623 eine Rechenmaschine, die aber leider nicht erhalten blieb. Nur eine Skizze dieser Maschine konnte aus einem Briefwechsel mit seinem Freunde Kepler gefunden werden. Danach wurde später ein Nachbau nach

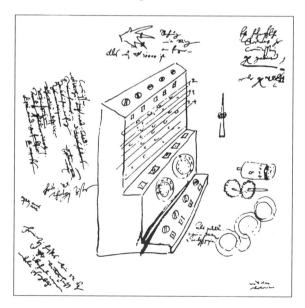

Entwurfsskizze der Rechenmaschine von Schickard

brieflichen Notizen hergestellt. Er befindet sich im Braunschweigischen Landesmuseum. In einem Brief vom 25. Februar 1624 an seinen Freund, dem Astronomen Kepler, war eine Beschreibung dieser Rechenmaschine beigefügt:

„Von dem mathematischen Gerät werde ich ein ander Mal eine genauere Abbildung geben." Und er fügte hinzu: *„Nun hatte ich für Dich ein Exemplar in Auftrag gegeben, dieses ist jedoch halbfertig zusammen mit anderen Sachen von mir vor drei Tagen einer Feuersbrunst zum Opfer gefallen."*

In Tübingen konstruierte Wilhelm Schickard eine erste mechanische „Rechenuhr". Eine vereinfachte Rechenuhr haben wir alle zur Verfügung: unsere zehn Finger. Wenn wir zum Beispiel 2 und 5 addieren wollen, so können wir zunächst zwei, dann fünf Finger abzählen. Wären die Finger mit Zahlen numeriert, so kann unmittelbar die Zahl 7 abgelesen werden.

Schickards Erfindung bestand darin, daß er zehn „Finger" auf einem Rad anordnete, die auf der Kuppe die Ziffern 0 bis 9 tragen. Über dem Zahnrad befand sich eine Zahnstange. Wurde sie in Pfeilrichtung bewegt, so griffen die Zähne in die Finger und bewegten das Rad zum Beispiel bis zur „4". Die Zahnstange sprang dann nach oben und dann wieder zurück. Auf diesem Prinzip beruhen noch heute unsere mechanischen und elektromechanischen Rechenmaschinen.

Schickard hatte noch ein weiteres Problem zu lösen. Wenn zum Beispiel die Zahlen 9 und 2 zu addieren waren, so mußte ein zweites Rad durch einen Mitnehmerzahn, der auf dem ersten Rad angebracht war, in die Stellung 1 gedreht werden, so daß beide Räder die Zahl 11 anzeigten. Schickards Rechenmaschine war im eigentlichen Sinne eine Addiermaschine, da sie mechanisch nur Additionen und Subtraktionen auszuführen vermochte, während für die Multiplikationen und Divisionen eine Hilfsvorrichtung vorgesehen war.

Mit der Schickardschen Rechenmaschine fand das Zahnradgetriebe in der Rechentechnik Verwendung. Dieses Getriebe hatte die Eigenschaft, über Zählräder, auf deren Umfang zehn

Zähne die Ziffern 0 - 9 markierten, über einen zusätzlichen Übertragungszahn das nächste Zählrad um einen Schritt weiterzudrehen. Der „Zehnerübertrag" wurde hier also bereits selbsttätig gebildet. Schickards Maschine erlaubte auf diese Weise Additionen und Subtraktionen. Und dazu hatte sie im unteren Teil sechs Markierungsscheiben zum Notieren der einzelnen Stellen eines Quotienten quasi ein „Datenspeicher".

Im oberen Teil der Maschine befand sich das Multiplizier- und Dividierwerk. Es bestand aus drehbar angeordneten Zylindern, ein Zylinder pro Dezimalstelle. Durch horizontal bewegliche Schieber konnten die Teilprodukte mit dem am Schieber angebrachten Faktor direkt abgelesen werden.

Schickard gilt damit als Ersterfinder der mechanischen Rechenmaschine mit automatischer Zehnerübertragung. Leider ging die Maschine und mit ihr zunächst das Wissen um ihre Funktionsweise verloren.

2. Der Rechner, der wie ein Kilometerzähler arbeitet - 1642 Blaise Pascal

Der Dreißigjährige Krieg brachte Not und Elend über weite Gebiete Europas. Aber in Paris herrschte Frieden. Dort gelang es dem 19jährigen Blaise Pascal (1623 - 1662), einer staunenden Öffentlichkeit eine Rechenmaschine vorzuführen, die er in mühevoller Kleinarbeit angefertigt hatte. Das war eine Maschine, die wie ein Kilometerzähler arbeitete.

Das Arbeitsprinzip des Pascalschen Rechners war dem von Schickard ähnlich. Die Maschine enthielt zehnstufige Zahnräder. Der Zehnerübertrag wurde durch eine Klaue und Mitnehmerstifte vollzogen. Eine Sperrklinke sorgte dafür, daß die Zahlenwalze in der Ablesestellung arretiert wurde und keine Linksdrehung gestattet. Die Ziffernräder im Ergebniswerk waren mit schwarzen und roten Ziffern versehen. Die roten Ziffern dienten der Subtraktion unter Null. Zum Subtrahieren verschob man die Abdeckplatte und drehte den komplementären Wert ein. Der ganze Mechanismus wurde mit einem Griffel bewegt.

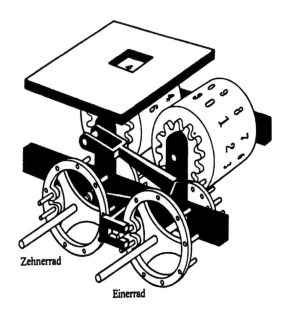

Zehnerrad
Einerrad

Mechanismus der
Zahlenwalzen von
Pascal

Diese Addiermaschine hatte Pascal für seinen Vater gebaut, der Steuerberater war. Sie sollte ihm das tägliche Rechnen erleichtern. Wahrscheinlich arbeitete sie aber wie die Schickardsche Rechenmaschine niemals zuverlässig. Die prinzipielle Idee jedoch war richtig. Erst die acht Jahre später erfundene Verzahnung ermöglichte ein einwandfreies funktionierendes Zahnradgetriebe. 1642 brachte der junge Blaise Pascal seinen Entwurf eines Rechners zu Papier. Er hatte aber in den Folgejahren viel Mühe mit den Uhrmachern Rouens, die es nicht verstanden, seine Ideen in die Praxis umzusetzen.

3. Die Rechenmaschine mit der Staffelwalze als Grundelement - 1672 Gottfried Wilhelm Leibniz

Es war im Jahr 1646. Noch war in Deutschland der furchtbarer Krieg, den wir den Dreißigjährigen Krieg nennen, nicht zu Ende gegangen. 30 Jahre mordeten und plünderten Söldnertruppen aus Schweden, Frankreich, Spanien und aus Deutschland. Es waren unruhige und qualvolle Jahre.

Es dauerte noch zwei Jahre, bis endlich der Westfälische Frieden geschlossen wurde. Auch in Leipzig begannen allmählich wieder normale Verhältnisse einzukehren.

In Leipzig wurde am 1. Juli 1646 Gottfried Wilhelm Leibniz als Sohn eines Juristen geboren. Früh verwaist, besuchte er in Leipzig die Schule. Von 1661 bis 1666 studierte er an der Leipziger und Jenaer Universität und ging anschließend im Jahre 1670 an den Hof des Mainzer Kurfürsten.

Gottfried Wilhelm Leibniz war Philosoph, Mathematiker, Physiker und Techniker, Jurist und politischer Schriftsteller. Von ihm sind viele philosophische Schriften erhalten und eine Rechenmaschine.

Es war im Jahre 1672, als Gottfried Wilhelm Leibniz sich damit beschäftigte, den Entwurf eines „Rechenkastens" anzufertigen. Es sollte ein Gerät werden, mit dem man einfache und wiederholte Additionen und Subtraktionen machen konnte. Leibniz siedelte von Leipzig nach Paris über. Er hatte bereits die Pläne für eine Rechenmaschine im Gepäck. In Paris hoffte er, dort einen geeigneten Mechaniker zu finden. Von 1676 bis 1694 beschäftigte Leibniz den Mechaniker Olivier damit, die von ihm entwickelte Rechenmaschine zu bauen. Er war mit dieser Arbeit nicht zufrieden, und weitere zehn Jahre beschäftigte er zwei weitere Mitarbeiter in Helmstedt mit der Herstellung dieser Maschine.

Die entscheidende Neuerung war die 1674 von ihm entwickelte Staffelwalze, eine Art Zahnrad in Walzenform. Sie bildete das Grundelement seiner Maschine. Leibniz verwendete zwei Staffelwalzen, eine im Einstellwerk, die andere im Zählwerk. Diese Walze in Form eines zylindrischer Radkörpers trug an ihrem Umfang neun feste Zähne von gleichmäßig gestaffelter Länge, die etwa den dritten oder vierten Teil des Walzenumfangs einnahmen. Nach Einstellung eines zehnzähnigen Einstellrädchens über der Walze konnten demnach 1 bis 9 Zähne der Walze zur Wirkung kommen. Durch horizontales Verschieben der Staffelwalze in neun Positionen kam die entsprechende Anzahl Rippen in Eingriff mit den Zählrädern. Die zu rechnenden Zahlen konnten an den Einstellrädern angegeben werden. Das größere Rad diente zur Festlegung der Umdrehungen, die mit dem Hauptantriebsrad gemacht werden sollen. Mit der Kurbel ließ sich das Einstellwerk nach links und rechts in Relation zum Resultatwerk verschieben. Damit war das gültige Grundprinzip der Rechenmaschinenkonstruktion gefunden.

Von 1672 bis 1676 ging Leibniz in diplomatischer Mission nach London. Dort unterbreitete er 1673 den Plan seiner Rechenmaschine den staunenden Zuhörern der „Royal Society". Etwas später führte er die inzwischen fertige Maschine der „Academie des sciences" in Paris vor.

Nachbau der Rechenmaschine von Leibniz, 1672

1676 kehrte Leibniz nach Deutschland zurück und war als Hofrat und Bibliothekar in Hannover tätig. Leibniz war ein gern gesehener Gast und beliebter Gesprächspartner vieler Persönlichkeiten. Er verkehrte nicht nur am Hofe von Ludwig XIV., sondern auch am Hofe der Königin Sophie Charlotte, der Gemahlin Friedrich I. Dort berichtete Leibniz von seiner Erfindung und fand aufmerksame Zuhörer. Auf Leibniz' Rat gründete der König in Berlin eine Forschungsstätte; es war die „Societät der Wissenschaften".

Leibniz beschäftigte sich von 1672 bis zu seinem Tode im Jahre 1715 mit der Vervollkommnung seiner Erfindung. Obwohl er sehr viel Zeit und Geld darauf verwandte - er opferte einen sehr hohen Betrag von 24000 Talern - ist es ihm nicht gelungen, das schwierige Problem der Zehnerübertragung vollkommen zu lösen. Erst 1894 gelang es, eines seiner Originale zum einwandfreien Rechnen zu bringen. Aber für die Umsetzung seiner genialen Ideen fand Leibniz Zeit seines Lebens keine Praktiker.

Am Ende seines Lebens erlitt Leibniz das Schicksal vieler großer Männer, die im Dienst von Fürsten standen. Er fiel in Ungnade und starb vereinsamt und verbittert mit 70 Jahren am 14. November 1716 in Hannover.

Die von Leibniz in seiner Rechenmaschine verwendete Staffelwalze ist heute noch das Herzstück vieler Rechenmaschinen. Mit der Konstruktion der ersten Rechenmaschine der Welt mit automatischer Zehnerübertragung erwarb sich Leibniz historische Verdienste. Nach dem von ihm entwickelten Funktionsprinzip der Multiplikatorwalze (Staffelwalze) arbeiteten alle mechanischen bzw. elektrischen Rechenmaschinen bis in die jüngste Zeit. Mit seiner Erfindung wird auch die geistigs Geburtstunde des Computers in Verbindung gebracht.

4. Die Sprossenradmaschine - 1727 Antonius Braun

Im Jahr 1709 konstruierte der Mathematiker und Professor Poleni in Padua eine Rechenmaschine, die ein anderes Übertragungselement, nämlich das Sprossenrad, benutzte. Es handelte sich aber nur um eine Versuchsmaschine, die aus Holz angefertigt wurde. Das Sprossenrad diente aber später bei vielen Rechenmaschine als Einer-Übertragungselement.

Aber erst dem Schwaben Antonius Braun, geboren 1685 in Möhringen, gestorben 1728 in Wien, gelang mit der Konstruktion einer Rechenmaschine ein entscheidender Fortschritt. Er baute 1727 eine Rechenmaschine für die vier Grundrechenarten Addition, Subtraktion, Multiplikation und Division. Die Arbeitsweise entsprach dem Sprossenradsystem. Seine Rechenmaschine hatte er dem Kaiser Karl VI. gewidmet.

Rechenmaschine von Braun, 1727

5. Die Vierspezies- und Addiermaschine aus Württemberg - 1774 Philipp Matthäus Hahn

Viele Jahrzehnte später, im Jahre 1774, entstand die erste einwandfrei rechnende Vierspezies- und Addiermaschine. Ihr Erfinder war der württembergische Pfarrer Philipp Matthäus Hahn. Hahn ist in Schaffhausen bei Stuttgart im Jahre 1739 geboren. Er lebte von 1739 bis 1790 in dieser Gegend und beschäftigte sich mit astronomischen Geräten, Uhren, Waagen und schließlich mit der Rechenmaschine. Hahn betrieb eine feinmechanische Werkstatt, in der seine Brüder und Gesellen nach seiner Anweisung arbeiteten. Er wußte von den vergeblichen Versuchen Leibniz', eine funktionsfähige Rechenmaschine für alle vier Grundrechenarten zu bauen. Hahn begann mit eigenen Versuchen und konnte schließlich von seinen Arbeitern, zumeist Uhrmachern, die ersten wirklich funktionstüchtigen bis zu 14stelligen Rechenmaschinen bauen lassen. Er verwendete dazu als Einer-Übertragungselement die Leibnizsche Staffelwalze. Hahn hatte seine Rechenmaschine so konstruiert, daß sie jeder Uhrmacher selbst reparieren oder nachbauen konnte. Obwohl im Prinzip serienreif, wurden nur wenige Exemplare der Rechenmaschine hergestellt. Aber sie war ein wichtiger Ausgangspunkt für spätere Konstruktionen im 19. Jahrhundert.

Hahn hatte sich bereits ab 1770 mit der Konstruktion von Maschinen zum Rechnen beschäftigt. In einzelnen Berichten und in seinen Tagebüchern gab es viele Hinweise auf Schwierigkeiten, die Hahn meistern mußte, um schließlich 1778 ein zu seiner vollen Zufriedenheit funktionierendes Gerät zu erhalten. Dabei sah er sich außer mit den Widrigkeiten des Materials auch mit den Unvollkommenheiten der bei ihm tätigen Mitarbeiter konfrontiert. Die Ausführung seiner Pläne überließ er dann den Mechanikern. Und ebenso wie Leibniz 80 Jahre vorher hatte er über die Sorgfalt der Mitarbeiter zu klagen.

1777 führte er Kaiser Josef II. in Stuttgart seine Rechenmaschine und seine anderen mechanischen Meisterwerke vor. Aus den historischen Quellen können fünf zylindrische Maschinen festgestellt werden, die aus Hahns Werkstatt hervorgegangen sind und die typischen Bestandteile aufweisen: Einstellwerk, Hauptzählwerk, Umdrehungszählwerk, die gegenseitige Verschiebbarkeit von Einstellwerk und Hauptzählwerk und die Zehnerübertragung im Hauptzählwerk.

Elfstellige Hahn'sche Rechenmaschine

Der Pfarrer, Mechaniker und Erfinder Philipp Matthäus Hahn eignete sich im Selbststudium die Kenntnisse an. Hahn schätzte die Beschäftigung mit Mechanik auch noch aus anderen Gründen: In ihr fand er Abwechslung und schöpfte Kraft für seine Amtsgeschäfte. An eine kommerzielle Auswertung war nie gedacht. Dies wurde erst ab 1820 ins Auge gefaßt.

6. Die Differenzenmaschine aus England - 1833 Charles Babbage

Das 17. Jahrhundert war nicht arm an ideenreichen Rechenmaschinen-Erfindern. Der englische Mathematiker Charles Babbage (1792 - 1871) versuchte sich mit dem Bau einer Maschine, die Tabellen errechnen und gleich drucken konnte. Er gilt als „geistiger Vater moderner Rechenautomaten". Es war im Jahre 1833, als Babbage auf dem Reißbrett eine „analytische Maschine" entwarf. 25 Jahre lang bemühte er sich um die Verwirklichung dieser Rechenmaschine. Der Bau einer vollständigen Anlage gelang ihm aber nicht.

Das Konzept seines Universalrechners: Es war der erste programmgesteuerte, digitale Rechenautomat. Er bestand aus einer Recheneinheit, einem Zahlenspeicher, Ein- und Ausgabeeinrichtungen für Zahlen und aus einer Steuereinheit, welche das in Lochkarten gestanzte Programm in Aktion umsetzt.

Charles Babbage kam bereits 1812 auf die Idee, eine „Differenzenmaschine" zu bauen, eine Maschine, die zur Berechnung und Überprüfung mathematischer Tabellen gedacht war. 1822 hatte er ein erstes Arbeitsmodell fertiggestellt, das viel Aufsehen erregte. Dadurch ermutigt, konzipierte er eine größere Maschine.

Diese Maschine sollte bis zur „Differenz fünfter Ordnung" aufrechnen und die Ergebnisse darstellen. Doch war es damals einfach noch nicht möglich, ein mechanisches Getriebe zu bauen, bei dem 25 Zahnräder ineinandergriffen, ohne sich zu verklemmen.

Da die Rechentechnik keine grundsätzlich neuen mechanischen Lösungen mehr erwarten ließ, konstruierte der Mechaniker Hermann Hollerith ein Steuerungsverfahren über Lochkarten. Ihm gelang der entscheidende Durchbruch, für das bereits von Babbage erfolglos konzipierte System.

3 Die unterschiedlichsten Rechenmaschinen entstehen

1. Beginn der ersten gewerblichen Fertigung mechanischer Rechenmaschinen - 1820 Charles Xavier Thomas

Im 19. Jahrhundert begannen sich neue Handwerksbetriebe, Manufakturen und Gewerbebetriebe zu entwickeln. Die alten Methoden für die Erledigung der Rechen-, Schreib- und Buchungstätigkeit reichten nicht mehr aus. Rechenarbeiten und Statistiken nahmen einen großen Umfang an. In Amerika hat man sich frühzeitig dazu entschlossen, Maschinen zu entwikkeln, die umständliche und mechanischen Kopfarbeit ersetzen sollten. Dabei verwendete man unterschiedliche Grundsätze. Manche Maschinen sollten nur addieren, anderen sollten alle vier Rechnungsarten ermöglichen.

An eine kommerzielle Auswertung dachten die Erfinder nicht. Dies wurde erst von dem Elsässer Charles Xavier Thomas ab 1820 vorgesehen. Er ist der Begründer der Rechenmaschinen-Industrie

Die Rechenmaschine von Thomas

überhaupt, da man wahrscheinlich bei Pfarrer Hahn von einer Serienproduktion noch nicht sprechen konnte. Charles Xavier Thomas begann etwa 130 Jahre nach Leibniz als erster mit der kommerziellen Auswertung des Staffelwalzenprinzips. Funktionell war das Gerät gegenüber der Leibniz-Maschine stark vereinfacht, wahrscheinlich, um den Kaufpreis niedrig zu halten.

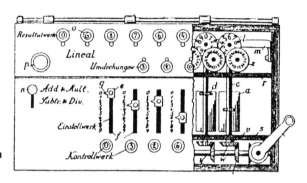

Handzeichnung der Rechenmaschine von Thomas

Es wurde bekannt, daß aus der Thomas'schen Werkstätte
   von 1821 - 1865   500 Maschinen,
   von 1865 - 1870   300 Maschinen,
   von 1871 - 1875   400 Maschinen und
   von 1875 - 1878   300 Maschinen
fertiggestellt und an Versicherungsgesellschaften und Eisenbahnkompanien verkauft wurden. Thomas hat die Maschinen natürlich nicht selbst fabriziert, sondern sie in verschiedenen Werkstätten in Paris fabrikmäßig herstellen lassen.

2. Um die Jahrhundertwende entstehen verschiedenartige Rechenmaschinen

Die Industrialisierung nahm um die Jahrhundertwende einen stürmischen Aufschwung, und die Bürokratisierung ging mit der Mechanisierung der Büroarbeit Hand in Hand. Als erste gelangte die Schreibmaschine in das Büro. Der Beginn der ersten fabrikmäßigen Anfertigung mechanischer Rechenmaschinen in Deutschland kann auf das Jahr 1878 bestimmt werden.

Es war im Jahre 1878, als in Glashütte der Ingenieur Carl Dietzschold mit der Fabrikation von Rechenmaschinen begann. Im gleichen Jahr kam der Ingenieur Arthur Burkhardt hinzu und legte mit ihm den Grundstein zur Rechenmaschinenfabrikation in Deutschland. Mit dem Start auf diesem Gebiet begann die Blütezeit der Bürotechnik in Mitteldeutschland.

Burkhardt entwickelte den „Arithmometer" nach dem Staffelwalzensystem. Er gilt als der Begründer der Rechenmaschinenfabrikation in Deutschland. In der „Ersten Glashütter Rechenmaschinenfabrik" von Arthur Burkhardt wurde 1895 die „Saxonia" entwickelt.

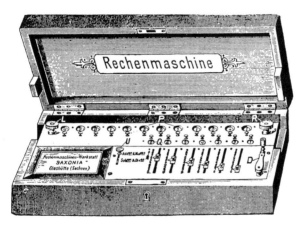

Die „Saxonia" aus Glashütte

Es war im Jahre 1892, als Arthur Burkhardt in Glashütte von Beauftragten der Universität Göttingen Besuch bekam. Sie brachten ihm eine Maschine mit, die man bei Reparaturarbeiten auf dem Dachboden der Universität gefunden hatte. Es war eine 250 Jahre alte Rechenmaschine von Leibniz. Man bat Arthur Burkhardt, die Maschine instandzusetzen. Er stellte bald fest, daß Teile der Maschine fehlten. Burkhardt begann mit der Instandsetzung und fertigte darüber einen ausführlichen Bericht an.

Werbung für Rechenmaschinen aus Glashütte

Das Jahr 1900 markiert den Zeitpunkt, an dem eine weitere Maschine begann, ihren Einzug in die Büros zu halten – die Addier- und Rechenmaschine. Sehr bald stellten sich Unterscheidungsmerkmale heraus:

Es wurden Rechenmaschinen entwickelt, die sich nach der Anzahl der Grundrechenarten unterschieden. Zu unterscheiden waren Addiermaschinen, die hauptsächlich dem Addieren und Subtrahieren und der schriftlichen Aufzeichnung der Rechenwerte dienten, und die meist nur anzeigenden Multiplizier- oder Vierartenrechenmaschinen, die neben Addieren und Subtrahieren hauptsächlich zum Multiplizieren und Dividieren verwendet werden. Unter Rechenmaschinen im engeren Sinne werden hauptsächlich Vierrechenartenmaschinen verstanden, die auch „Vierspeziesmaschinen" genannt werden.

Auch nach der Art der Eingabe der Ziffern unterschieden sich die Maschinen. Manche Rechenmaschinen besaßen eine Zehnertastatur, bei der nur ein Satz Zifferntasten für alle Stellen vorhanden war. Bei Rechenmaschinen mit Volltastatur gab es ganze Zifferntastenreihen für jede Stelle der Eingabeeinrichtung. Alle Ziffern einer Zahl konnten gleichzeitig eingegeben werden. Typisch für Kleinaddiermaschinen war die Zifferneingabe durch einen Einstellstift.

Für die Verarbeitung der eingestellten Ziffern gab es unterschiedliche Antriebsarten. Es gab Maschinen mit einer Handkurbel, mit einem Handhebel oder mit Tastenantrieb.

Um die Jahrhundertwende begann in Europa und in den USA die Entwicklung der mechanischen Büromaschinen. Nach dem Staffelwalzensystem (Leibniz) und dem Sprossenradsystem (Odhner) wurden besonders in Europa in vielen Werken Rechenmaschinen gefertigt. In den USA hatte schon vor der Jahrhundertwende die Fertigung von Rechenmaschinen nach dem Staffelwalzensystem begonnen. Als die wichtigsten Maschinen in Deutschland können genannt werden:
- „Berolina" (1901), eine der ältesten Sprossenradmaschinen aus Berlin
- „Triumphator" (1904) aus Leipzig-Mölkau
- „Peerleß" (1904), Staffelwalzenmaschine, später „Badenia" aus St. Georgen (Schwarzwald)
- „Mercedes-Euklid" (1905), aus Berlin
- „Archimedes" (1906) , Staffelwalzenmaschine aus Glashütte
- „Tim" (1907), Staffelwalzenmaschine aus Berlin
- „Thales" (1911), Sprossenradmaschine aus Rastatt (Baden)

3. Sprossenrad- und Staffelwalzenmaschinen führten das Feld der wichtigsten Rechenmaschinen an

Bei einer Staffelwalzenmaschine, wie sie erstmals der Deutsche Leibniz im Jahre 1682 erfand, sind auf einer Walze neun Zähne

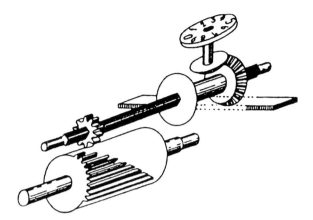

Schema der Staffelwalzenmaschine

von unterschiedlicher, gestaffelter Breite angebracht. Bei einer Umdrehung der Staffelwalze greifen je nach Position des Zahnrades 0 bis 9 Zähne und drehen das Zahnrad entsprechend um 0 bis 9 Einheiten. Bei den meisten Staffelwalzen werden die Zahnräder verschoben, während die Staffelwalze feststeht.

Bei der Sprossenradmaschine enthält die Maschine ein Sprossenrad mit einstellbaren Zähnen. Sämtliche Sprossenräder der Maschine sitzen auf der gemeinsamen, durch Handkurbel angetriebenen Schaltwelle. Die auf der Welle festsitzenden Radkörper werden durch Drehen einer Einstellscheibe radial 1 bis 9 Zähne

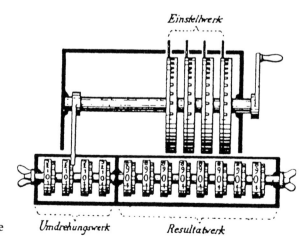

Schema der Sprossenradmaschine

(Sprossen) herausgeschoben. Bei einem Umlauf der Welle wird ein Zählrad entsprechend der Anzahl der herausragenden Sprossen gedreht.

Das Sprossenrad als Rad mit einstellbaren Zähnen wurde bereits im Jahre 1709 erfunden. Jedoch erst im Jahre 1878 entstand die erste praktisch brauchbare Maschine von dem Schweden Odhner. Er begann im Jahre 1886 mit der Fabrikation seiner Sprossenradmaschine. Die Sprossenradmaschine erlangte in den USA kaum besondere Bedeutung, in Deutschland nahmen viele Konstrukteure die Grundidee der Sprossenradmaschine auf. Es entstanden viele Firmen, die sich mit der Herstellung befaßten. Die einzelnen Typen der Sprossenradmaschinen, angefangen von den einfachsten Maschinen mit Einstellwerk, Resultatwerk und Umdrehungswerk wurden von vielen Konstrukteuren in ähnlicher Weise ausgeführt und unterschieden sich nur in einzelnen Konstruktionsausführungen. Die Beliebtheit der Sprossenradmaschine kann neben dem geringen Preis auch auf die Handlichkeit und Verwendbarkeit für die meisten praktisch vorkommenden Rechenaufgaben zurückgeführt werden.

Odhners Multiplikationsmaschine, die auf dem Sprossenradsystem basiert

4 Die Rechenmaschinen verbinden sich mit Schreibmaschinen

1. Als die Schreibmaschinen das Rechnen lernten

Mit der Zeit wurden den Büromaschinen immer weitergehende Aufgaben zugewiesen. Die Rechenmaschine wird gegenüber der Schreibmaschine als das Kompliziertere bezeichnet. Die Konstrukteure versuchten, der Rechenmaschine die Schreibmaschine aufzupfropfen. Das Umgekehrte erwies sich aber bald als das Richtigere und Zweckmäßigere. Zuerst versuchten die Mechaniker, der Rechenmaschine einen vollständigen Schreibmaschinenwagen anzufügen. Das ergab große Schwierigkeiten, denn auf der Schreibmaschine schrieb man von links nach rechts, während man spaltenweise von rechts nach links rechnete. Erst die rechnende Schreibmaschine führte auf den richtigen Weg. Ansätze waren bei ihr bereits durch den Tabulator und den Dezimaltabulator gegeben, der das richtige Untereinanderschreiben der Zahlen erleichtert.

Die rechnenden Schreibmaschinen werden auch als „Buchungs-Schreibmaschinen" bezeichnet. Sie sind Schreibmaschinen mit zusätzlichen, anzeigenden Zählwerken. Diese Zählwerke sind keine Erfindung der Neuzeit. Schon 1908 wurden sie zuerst an der Remington-Schreibmaschine angewandt. Die buchenden Schreibmaschinen haben alle Einrichtungen der üblichen Schreibmaschinen und werden angewendet, wenn Zahlen und Texte in Listen und Karten zu verbuchen sind. Bei breitem Schreibwagen werden vorn auf einer Zählwerkschiene manchmal bis 30, ausnahmsweise sogar bis 60 Senkrechtzählwerke aufgesetzt. Für jede Spalte ist ein besonderes Zählwerk vorgesehen. Jedes dieser Senkrechtzählwerke sammelt die senkrecht untereinander stehenden Beträge seiner Spalte. Das Zählen erfolgt wie das Schreiben einstufig, d.h., der an den Rechentasten angeschlagene Betrag wird gleichzeitig mit dem Anschlag ins Zählwerk eingeführt. Die Querzählwerke sammeln Beträge in der Zeilenrichtung.

Das Tastenfeld enthält das bei der Schreibmaschine übliche Schreibtastenfeld. Das spaltenweise, stellenrichtige Untereinanderschreiben der Zahlen ermöglicht ein Dezimaltabulator.

Wie bei den üblichen Schreibmaschinen springt beim Anschlag einer Schreibtaste der Wagen um einen Zeilenabstand weiter. Die üblichen buchenden Schreibmaschinen haben als Schreibfläche gewöhnlich eine Schreibwalze. Bei einigen buchenden Schreibmaschinen wurde daher die Schreibwalze durch eine ebene Schreibfläche ersetzt. Da gab es Walzenmaschinen und flachschreibende Maschinen mit liegender (horizontaler) oder stehender (vertikaler) Platte.

Die rechnende Schreibmaschine Mercedes-Elektra (1924)

Bei den Walzenmaschinen kann man unterscheiden:
- rechnende Schreibmaschinen mit Zählwerken und beweglichen Zählwerken,
- rechnende Schreibmaschinen mit beweglichem Zählwerkschlitten,
- rechnende Schreibmaschinen mit auswechselbaren und umstellbaren Zählwerken,

- rechnende Schreibmaschinen mit elektromechanischem Antrieb des Schreib- und Rechenwerkes. Bei den flachschreibenden Maschinen mit liegender (horizontaler) oder stehender (vertikaler) Platte lassen sich senkrechte und waagerechte selbsttätige Additionen, direkte Subtraktionen und selbsttätige Saldierung durchführen.
Bei den rechnenden Schreibmaschinen schwankte die Addierfähigkeit je nach den Bedürfnissen zwischen 3 und 15 Stellen. In der Regel werden sie mit neunstelliger Aufnahmefähigkeit angefertigt. Diese Maschinen addieren und subtrahieren in der Weise, daß sich die Bewegung der Typenschwinghebel durch ein Rechenantriebswerk auf die beteiligten Zählwerke überträgt. Bei Maschinen mit elektromechanischem Antrieb erfolgt der Rechenvorgang nach Tastenanschlag. Man unterscheidet Zählwerke für die senkrechte Addition und Querzählwerke für die waagerechte Summierung. Jedes dieser Zählwerke kann so eingestellt werden, daß es das Saldierwerk beeinflußt. Bei Maschinen mit elektromechanischem Antrieb werden die Summen und Salden aus den Zählwerken automatisch niedergeschrieben.

2. Schreibende Addiermaschinen - sie können nur Addieren und Subtrahieren

Vierspezies-Rechenmaschinen und Addier- oder Saldiermaschinen (Zweispeziesmaschinen) gehen auf die gleichen Ursprünge zurück. Schon früh machten sich Unterschiede in der konstruktiven Art bemerkbar, die eine Entwicklung unabhängig von der Vierspezies-Rechenmaschine darstellte. In Deutschland wurden die ersten Versuche im Jahre 1901 in Dresden mit einer druckenden Addiermaschine und Volltastatur gemacht.
Die Addiermaschinen bilden eine Zwischengruppe zwischen den anzeigenden und den buchenden Rechenmaschinen. Diese

Druckende Addiermaschine mit Volltastatur

Maschinen können ein Groß- oder Kleintastenfeld haben. Eine Reihe von Übergängen bestehen zwischen den einzelnen Gruppen.

Beim Kleintastenfeld, auch *Zehntastenmaschine* genannte Maschine, ist für jede Ziffer nur eine Taste vorhanden. Im Gegensatz zu den Volltastenfeldern muß hier die Null eingetastet werden. Daher sind Tasten zum Schreiben von 0, 00 und 000 vorhanden. Das Tasten geht schneller und einfacher als bei

Kleintastenfeld

Volltastenmaschinen. Das Blindschreiben ohne Blick auf das Tastenfeld ist möglich.
Das Großtastenfeld enthält für jede Zahlenstelle die Zifferntasten 1 bis 9. Nebeneinander, also zeilenweise, tragen die Tasten gleiche Ziffern.
Bei den schreibenden Addiermaschinen gibt es
- Volltastaturmaschinen und
- Zehnertastaturmaschinen.

Vergleich zwischen Volltastatur und Zehnertastatur

Schreibende Addiermaschinen haben den Grundzug der Addiermaschinen und sind zur Erledigung rechnerischer Arbeiten, jedoch nicht für das Schreiben von beliebigem Wortlaut eingerichtet. Im allgemeinen kann man nur Zahlen, unter Umständen aber auch Wortkürzungen und Sinnbilder drucken, wenn hierfür besondere Tasten vorhanden sind. Sie werden ebenso wie die zu verarbeitenden Zahlen zunächst eingetastet. Dann werden die Addierwerke durch Ziehen einer Handkurbel oder bei elektrischen Maschinen durch Drücken einer Taste betätigt und das gesamte Druckbild in einem Schlag zu Papier gebracht, also gedruckt (im Gegensatz zu den rechnenden

Schreibmaschinen, bei denen man im allgemeinen das Ergebnis Ziffer für Ziffer herausschreiben muß). Bei den Addiermaschinen hat man die Möglichkeit, Zwischensummen selbsttätig gedruckt zu erhalten, wobei die gedruckte Summe oder Zwischensumme im Addierwerk verbleibt. Bei diesen Maschinen kann man Zahlenreihen addieren, meist auch subtrahieren und saldieren. Bei den einfachen Maschinen mit einem Zählwerk wirken die Tasten direkt in das Addierwerk. Bei denen mit mehreren Addierwerken werden diese durch den Lauf des Wagens angesteuert.

Die schreibenden Addiermaschinen sind entweder mit einer Papierrollenwalze ausgerüstet, die nicht beweglich ist, oder mit einem beweglichen Wagen in normalen und verschieden größeren Breiten. Wie bei der Schreibmaschine können Formblätter eingespannt werden.

Es gibt Maschinen mit Volltastatur und solche mit Zehnerblock. Volltastaturmaschinen besitzen eine Anzahl nebeneinander liegender Zahlentastenreihen von 1 bis 9. Nullen sind in der Tastatur nicht vorhanden. Bei solchen Addiermaschinen mit großem Zahlentastenfeld läßt sich das Addieren in mehre-

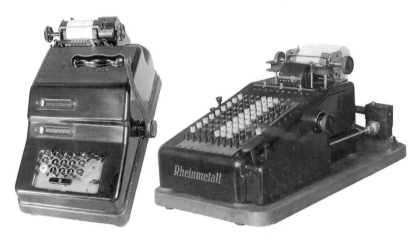

Rheinmetall-Addiermaschine mit Zehnertastatur

Rheinmetall-Addiermaschine mit Volltastatur und elektrischem Antrieb

re Teile mit entsprechend kleinerer Aufnahmefähigkeit zerlegen. Bei Volltastaturmaschinen können Zahlenreihen ständig oder nur an bestimmten Stellen des Formblattes von der Addition ausgeschaltet werden, um Nummern zu drucken.

Bei den Zehntasten-Maschinen werden sämtliche Zahlen nur mit 10 Tasten, und zwar den Tasten 0 bis 9 eingesetzt. Die Zahlen einschließlich der Nullen sind entsprechend ihrer Schreibfolge von links nach rechts in die Maschine einzutasten, wobei die Ziffern von selbst in die richtige Dezimalstelle einrücken.

Nach dem ersten Weltkrieg blühte in Deutschland eine eigene Addiermaschinenindustrie auf. 1922 kam die „Astra" als erste deutsche Maschine mit Zehnertastatur auf den Markt. Auch andere Hersteller waren erfolgreich. Die Zehnertastatur überflügelte die Volltastatur.

„Astra", 1922, Modell A, Astrawerke AG, Chemnitz, Zehntasten-Addiermaschine

Der Gedanke, Addiermaschinen motorisch anzutreiben, ist so alt wie der Bau von Büromaschinen selbst. Addiermaschinen konnten erst dann mit elektromotorischem Antrieb versehen werden, als es Technikern gelang, geeignete Elektromotoren herzustellen. Anfangsschwierigkeiten gab es bei der Verwendung von Gleichstrom- oder Wechselstrommotoren. Diese wurden beseitigt, als Universalmotoren entwickelt wurden, die auch wegen ihres geringen Umfanges leichter in die Addiermaschine eingebaut werden konnten.

3. Als die Rechenmaschinen das Schreiben lernten

Die schreibenden Rechenmaschinen werden auch als *Buchungsrechenmaschinen* bezeichnet. Ihr Hauptmerkmal ist wie bei den Schreibmaschinen ihr querverschiebbarer Schreibwagen. Sie können addieren, subtrahieren, multiplizieren und dividieren. Die zu verarbeitenden Zahlen werden ähnlich wie bei den schreibenden Addiermaschinen zunächst eingetastet und danach durch Bedienung einer Handkurbel oder bei elektrischen Maschinen durch Drücken einer besonderen Taste ausgelöst.

Diese Maschinen können mit einem elektrischen Antrieb und mit einem elektromechanisch arbeitenden Rechenwerk versehen werden. Sie schreiben, addieren und subtrahieren über und unter Null, senkrecht und waagerecht, multiplizieren jede Zahl an jeder gewünschten Stelle. Während der Text geschrieben

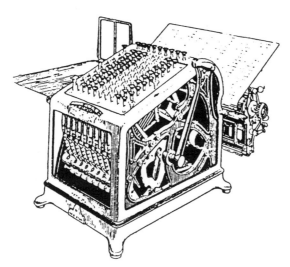

Schreibende
Volltastatur-Addiermaschine

wird, rechnet die Maschine automatisch die Multiplikationsaufgabe aus. Die Niederschrift der errechneten Werte als Produkte, Zwischen- oder Endsummen erfolgt völlig selbsttätig in die entsprechenden Vordruckspalten.

Bei den buchenden Schreibmaschinen geschieht das Drucken und das Zählen „einstufig". Beim Tastenanschlag wird hier gleichzeitig gedruckt und gezählt. Durch Anschlag der Zifferntasten wird zunächst eine Zahl eingestellt. Die eingestellte Zahl kann vor dem Druck überprüft werden. Der zweite Arbeitsgang bewirkt das Weiterschalten des Zählwerks und den Abdruck.

Schreibende Rechenmaschinen haben besondere Einrichtungen wie zum Beispiel den elektrischen Wagenrücklauf und selbsttätige Zeilenschaltung, einfache und doppelte Vorsteckeinrichtungen, Endloseinrichtung, geteilte Walze, Dezimaltabulator, Auf- und Abrunden von Zahlen, Möglichkeit der Berechnung verschiedener Maß- und Mengeneinheiten auf ein und demselben Rechnungsvordruck.

4. Als die Rechenmaschinen noch das Buchen lernten

Die *Registrierbuchungsmaschinen* haben sich aus den Registrierkassen entwickelt und sollen den Bediener der Maschinen veranlassen, alle Einnahmen und Ausgaben zu buchen und eine rasche Abrechnung zu ermöglichen. Die gebräuchlichen Ausführungen haben etwa 30 bis 55 Endsummen druckende Addierwerke. Sie drucken bis 6 Urschriften in einem Arbeitsgang. Jeder Beleg erhält eine Kontrollnummer. Die Zwischen- und Endsummen werden selbsttätig gedruckt. Datum und Wortabkürzungen können gedruckt werden, dagegen fehlt ein Schreibmaschinentastenfeld. Ihr Hauptanwendungsgebiet haben diese Maschinen in Banken, Finanzämtern, Steuerstellen, Handel und Industrie. Für besondere Rechenvorgänge gibt es Registrierbuchungsmaschinen, die mit und ohne Endsummendruck arbeiten. Sie registrieren Einzelbeträge und speichern selbsttätig Beträge.

Dazu gehören auch Schalter- und Kassenmaschinen mit und ohne Endsummenwerk.

Die Fakturiermaschinen haben sich aus der Kombination Schreibmaschine/Rechenmaschine entwickelt. Sie eignen sich für alle Buchungsaufgaben. Die Arbeitsweise ist sehr einfach: Ein Vordruck wird in den Papierwagen des Schreibmaschinenteils eingespannt, die einzelnen Zahlengruppen, die in einer Rechnung erscheinen sollen, werden nun durch leichtes Anschlagen der entsprechenden Zahlenangaben einer üblichen Schreibmaschinentastatur und damit verbundener Kontaktschließung auf elektrischem Wege in die zugeordnete Rechenmaschine einbracht. Das erledigen in der Fakturiermaschine enthaltene Steuereinrichtungen. Mit dem Eingeben der Werte in den Rechenmaschinenteil erfolgt durch den gleichen Tastenanschlag auf elektrischem Wege zwangsläufig auch die Niederschrift in den einzelnen Spalten des Rechnungsvordrucks. Bei der Übertragung der Werte in den Rechenmaschinenteil werden diese in der Multiplizierforrichtung eingestellt. Nach Beendigung der Einstell- und Übertragungsvorgänge wird völlig selbsttätig durch Steuerung vom Schreibmaschinenwagen aus die Rechenmaschine in Betrieb gesetzt und das gewünschte Ergebnis errechnet.

Während dieser Zeit können im Vordruck unabhängig von der im Rechenmaschinenteil vor sich gehenden Ausrechnung auch textliche Eintragungen jeder Art gemacht werden.

Die Rechenmaschine
als große Hilfe für
den Geschäftsmann

Die Rechenmaschine
als unerläßlicher
Assistent in der
Lagerhaltung

5 In Sömmerda wird ab 1920 die erste Rechenmaschine entwickelt

1672 wurde von Leibniz die Staffelwalze erfunden und damit die Zehnerübertragung von einem Element auf das benachbarte Element. Diese Staffelwalze fand später in vielen Rechenmaschinen ihre Bewährungsprobe. Fast ein Vierteljahrtausend später wurde das Prinzip der Staffelwalzen auch in den Rheinmetall-Rechenmaschinen angewandt.

1. Es war im Jahr 1921 in Sömmerda, als die „Saldo" entstand

In Sömmerda beschäftigte das Werk Rheinmetall nach dem 1. Weltkrieg wieder die ersten Arbeiter. Ab 1920 mußte sich das Werk auf Friedensproduktion umstellen, und das sollten nach Meinung der Werksdirektion Rechen- und Schreibmaschinen sein.

Da gab es zum Glück in Deutschland viele Konstrukteure, die sich mit der Entwicklung von Schreib- und Rechenmaschinen beschäftigten. Der bekannte Schreibmaschinenkonstrukteur Heinrich Schweitzer war bereits 1919 von Dresden nach Sömmerda gekommen und begann im Februar 1920 mit 47 Arbeitern die Schreibmaschinenfertigung.

Zur gleichen Zeit wurde die Sömmerdaer Werkleitung auf den Berliner Rechenmaschinenkonstrukteur Richard Berk aufmerksam. Am 6. April 1919 hatte Berk beim Reichspatentamt in Berlin zwei Patente eingereicht, die sich mit Rechenmaschinen befaßten. Das erste Patent bezog sich auf eine Rechenmaschine mit Staffelwalzenantrieb, das zweite Patent betraf eine Vorrichtung zur Verschiebung des Zählwerks an Rechenmaschinen mit Staffelwalzenantrieb. Es war nicht leicht, im damaligen Ber-

DEUTSCHES REICH

AUSGEGEBEN
AM 12. MÄRZ 1920

REICHSPATENTAMT
PATENTSCHRIFT
— № 319630 —
KLASSE 42m GRUPPE 9

Richard Berk in Neukölln.
Rechenmaschine mit Staffelwalzenantrieb.
Patentiert im Deutschen Reiche vom 6. April 1919 ab.

DEUTSCHES REICH

AUSGEGEBEN
AM 13. MÄRZ 1920

REICHSPATENTAMT
PATENTSCHRIFT
— № 319631 —
KLASSE 42m GRUPPE 9

Richard Berk in Neukölln.
Vorrichtung zur Verschiebung des Zählwerks an Rechenmaschinen
mit Staffelwalzenantrieb.
Patentiert im Deutschen Reiche vom 6. April 1919 ab.

Patentschriften von Richard Berk

lin, das von Streiks und Putschversuchen heimgesucht wurde, Richard Berk in Berlin-Neukölln aufzusuchen.

Richard Berk arbeitete zu dieser Zeit als Leiter der Rechenmaschinenabteilung bei der Firma Ludwig Spitz in Berlin-Tempelhof. Die Firma Spitz stellte seit 1907 die Staffelwalzenmaschine „Tim" her, später die „Unitas" mit doppeltem Zählwerk.

Die Sömmerdaer Werkleitung suchte Richard Berk in Berlin auf und machte ihm den Vorschlag, in Sömmerda entsprechend seiner Patente eine Rechenmaschinenproduktion aufzubauen. Er nahm den Vorschlag der Sömmerdaer Werkleitung an.

Am 13. Dezember 1920 unterzeichnete Richard Berk seinen Anstellungsvertrag bei der Firma Rheinmetall. Der mit Berk geschlossene Vertrag hatte zum Inhalt, daß er auf der Grundlage seiner Patente innerhalb von drei Monaten mit Mitarbeitern und Mitteln der Firma Rheinmetall ein gebrauchsfähiges Rechenmaschinenmodell konstruieren sollte. Berk bekam den Auftrag, den Modellbau zu leiten. Er wurde damit der wichtigste Mann für den Aufbau der Büromaschinenfabrikation in Sömmerda.

Rechte an dieser Konstruktion gingen an Rheinmetall über. Verabredet war, daß Rheinmetall anhand des Modells entschied, ob diese Maschine produziert werden sollte. Ingenieur Berk stieß auf ähnliche Schwierigkeiten wie Schweitzer. Es fehlte vor allem an Spezialwerkzeugen, so daß eine äußerst präzise Handarbeit beim Fräsen und Feilen der Teile gefordert war. Gleichzeitig mußten hohe Anforderungen erfüllt werden, damit die Maschine funktionierte.

Die von Rheinmetall zur Verfügung gestellten Mittel waren unzureichend. Berk war in seinem Fach sehr tüchtig und verlangte in erster Linie eine saubere und ganz präzise Arbeit. Er wollte zunächst alle Arbeiten selbst ausführen, da es ihm keiner gut genug machte. Offensichtlich versuchte Berk, die schlechten Arbeitsbedingungen durch hohe Ansprüche und massiven Druck auf seine Mitarbeiter sowie persönlichen Einsatz auszugleichen. Mit einigen Monaten Verspätung war im Sommer 1921 das erste Modell fertig. Es hieß „Saldo".

Rechenmaschine „Saldo" mit 11 Stellen

Ob dieses Modell in Serie hergestellt werden kann, entschied das Stammwerk der Firma Rheinmetall in Düsseldorf.

> *Es war ein heißer Sommertag im August des Jahres 1921. Richard Berk bereitete sich auf seine Reise nach Düsseldorf vor. Er packte sein Rechenmaschinenmodell in einen Karton und fuhr mit dem Frühzug nach Erfurt. Auf dem Erfurter Bahnhof passierte ihn ein Mißgeschick. Er bestieg den D-Zug nach Düsseldorf und bat einen Reisenden, ihm den Karton mit seiner Rechenmaschine durch das Fenster des D-Zuges zu reichen. Er faßte nicht richtig zu, und der Karton mit seiner Rechenmaschine fiel zurück auf den Bahnsteig. Die Maschine wurde dadurch sehr beschädigt. Während der Fahrt nach Düsseldorf versuchte Richard Berk soweit wie möglich, den Schaden zu beseitigen. Erst in einem Düsseldorfer Hotel gelang es ihn, die Rechenmaschine wieder funktionsfähig zu machen.*
>
> *Am nächsten Tag packte er seine Rechenmaschine sorgfältig in den Karton und fuhr zum Rheinmetallwerk. Dort führte er seine Maschine dem Vorstand vor. Dabei bemühte er sich, auf die Vorzüge seiner Konstruktion aufmerksam zu machen. Er konnte jedoch den Vorstand nicht überzeugen. Er erhielt den Auftrag, die Mängel in weiteren Versuchen abzustellen. Berk fuhr nach Sömmerda zurück und begann sofort mit der Konstruktion eines weiteren Modells. Es gelang ihn, die Bedienung zu erleichtern und für die Zehnerübertragung einen praktikablen Weg zu finden.*

Damit hatte Berk die Voraussetzungen zur Produktion geschaffen. Es gab aber noch viele neue Schwierigkeiten. Es wurde wieder gestreikt, und am 3. Oktober 1921 sperrte die Werksleitung die gesamte Belegschaft der Firma Rheinmetall von etwa 1400 Arbeitern aus. Der Streik dauerte 7 Wochen.

Prototyp 1922,
Patent Richard Berk

Das erste serienmäßig hergestellte Modell bekam die Bezeichnung „R IV". Damit begann in Sömmerda 1922 die Rechenmaschinenproduktion. Wegen der Inflation mußte die Maschine auf sehr hohe Zahlen ausgerichtet werden.

Das Geld verlor täglich an Wert, und in Sömmerda brachte die Stadtverwaltung das erste Notgeld heraus. Im Jahre 1921 bezahlten die Menschen für ein Pfund Butter noch 32,00 Mark, 1923 waren es schon 13 000 Mark. Schließlich mußten die Menschen viele Milliarden für ein Brot bezahlen.

Aber das alles störte nicht die Weiterentwicklung der Rechenmaschine. Berks Maschine hatte zunächst 10 Ziffernreihen in der Volltastatur. Dazu kamen 17 Stellen im Produktenwerk und 9 Stellen im Umdrehungswerk.

1923 trieb die Inflation ihrem Höhepunkt entgegen. Wie sollte da eine Rechenmaschine entwickelt und verkauft werden? Am 15. November 1923 wurde in Deutschland die neue Rentenmark ausgegeben. Zwei Tage später war das Ende der Inflation angesagt.

Richard Berk verbesserte in seiner Rechenmaschine die Zehnerübertragung. Dafür erhielt er ein Reichspatent. Ab 1924 wurden Maschinen mit 11 bis 15 Stellen im Produktenwerk und 5 bis 7 Stellen im Umdrehungswerk gebaut. Diese Maschinen konnten preisgünstiger abgesetzt werden. Aber daran war Richard Berk schon nicht mehr entscheidend beteiligt.

Auf Grund verschiedener Differenzen mit der Werkleitung wurde Berk im Januar 1924 von seinem Auftrag entbunden und schied am 31. Dezember 1926 endgültig aus den Diensten der Firma Rheinmetall aus.

Damit begann die große Zeit des Konstrukteurs August Kottmann. Er war der dritte der Ingenieure - nach Heinrich Schweitzer und Richard Berk - die in der ersten Zeit der Sömmerdaer Büromaschinenproduktion Geschichte geschrieben haben.

6 Die Vielfältigkeit der Rechenmaschinenproduktion in Sömmerda

Nach der nur wenige Jahre dauernden Tätigkeit des Rechenmaschinenkonstrukteurs Richard Berk in Sömmerda begann unter der Leitung von August Kottmann eine neue Entwicklungsphase.

1. Wer war August Kottmann?

In Vehra, unweit des Ortes Straußfurt im Thüringer Kreis Sömmerda, wurde am 5. Oktober 1896 August Kottmann geboren. Von 1903 bis 1910 besuchte er die Vehraer Volksschule. Sein Vater, Heinrich Kottmann, war Arbeiter. Sein Familieneinkommen konnte nicht besonders hoch gewesen sein. Was lag näher, als mit der Familie dahin zu ziehen, wo sich bessere Verdienstmöglichkeiten anboten. Und das war die aufblühende Industriestadt Sömmerda, die zu Beginn des 20. Jahrhunderts schon über 5000 Einwohner zählte. Heinrich Kottmann hatte erfahren, daß in Sömmerda ein Mann namens Heinrich Ehrhardt die in Konkurs geratene Fabrik von Nikolaus von Dreyse für die Firma Rheinmetall in Düsseldorf aufgekauft habe. Die Firma Rheinmetall begann, wieder Rüstungsgüter anzufertigen.

1910 zog Heinrich Kottmann mit seiner Familie nach Sömmerda. Noch zwei Jahre besuchte August Kottmann die Volksschule in Sömmerda, bevor er als Lehrling in die Firma Rheinmetall eintrat. Nach Beendigung seiner Lehre arbeitete er als Zeichner, Dreher und Schlosser in verschiedenen Betriebsteilen des Werkes.

Inzwischen war der 1. Weltkrieg ausgebrochen. August Kottmann legte noch 1915 die Gesellenprüfung ab, ehe ihn die Einberufung zum Kriegsdienst erreichte. Von 1915 bis zum Ende des Krieges war er Soldat bei einer technischen Truppe.

August Kottmann

Das Kriegsende brachte für Sömmerda und das Werk Rheinmetall große Veränderungen. Die Kriegsproduktion mußte eingestellt werden. Ein glücklicher Umstand führte dazu, daß in der Firma Rheinmetall ab 1920 eine Schreib- und Rechenmaschinenentwicklung einsetzte, die für die kommenden Jahrzehnte bestimmend für August Kottmann wurde.

August Kottmann arbeitete bereits seit 1919 wieder im Werk, zunächst als Zeichner, bald aber als selbständiger Konstrukteur für Spezial- und Werkzeugmaschinen. Inzwischen war die Schreib- und Rechenmaschinenproduktion schon angelaufen. 1922 beauftragte ihn die Werkleitung, in der Versuchswerkstatt nach Möglichkeiten für eine weitere Büromaschinenfertigung zu forschen.

2. August Kottmanns erste Konstruktion

August Kottmann machte Vorschläge für die Konstruktion einer Addiermaschine und bot 1924 der Firma zwei eigene Patentanmeldungen für Rechen- und Addiermaschinen an. Noch in diesem Jahr war die von ihm konstruierte Handrechenmaschinen fabrikationsreif. Die erste „Rheinmetall" war eine *Staffelwalzenmaschine mit Tastatur*. Die Anregung für diesen Staffelwalzenantrieb erhielt August Kottmann von einer Erfindung, die Gottfried Wilhelm Leibniz im Jahre 1672 machte: Es war die erste Rechenmaschine mit der Staffelwalze als Grundelement.

Bereits im Jahre 1924 machte August Kottmann der Firmenleitung den Vorschlag, die Rechenmaschine elektrisch anzutreiben. Die Konzernleitung griff seine Idee auf und beauftragte ihn mit der Umsetzung.

1925 wurde August Kottmann Chefkonstrukteur. Seine Aufgabe war es, Rechenmaschinen in verschiedenen Modellen, von der Handrechenmaschine bis zum Vollautomaten sowie der Addier- und Fakturiermaschine, zu entwickeln, bis sie serienmäßig fabriziert werden konnten.

Dazu trugen seine Erfindungen, die auch zu Patenten führten, wesentlich bei. Die Vermutung liegt nahe, daß Kottmann von der Betriebsleitung als Gegenspieler gegen Richard Berk eingesetzt wurde.

Insgesamt lassen sich bei den Maschinen mit Rechenfunktionen sechs Gruppen feststellen:
- Handrechenmaschinen - 1922 bis 1927
- Elektrisch angetriebene Rechenmaschinen - ab 1924
- Halbautomaten - ab 1929
- Superautomaten - ab 1931
- Addier- und Saldiermaschinen - ab 1931
- Fakturiermaschinen - ab 1932

3. Gemeinsame Eigenschaften aller Rheinmetall-Rechenmaschinen

Die Rheinmetall-Rechenmaschinen der Gruppen 1 bis 4 werden alle nach den gleichen Grundsätzen gebaut. Je nach den an sie gestellten Anforderungen besitzen sie jedoch unterschiedliche Einrichtungen. Alle Rechenmaschinen arbeiten in den vier Grundrechenarten. Die Gesamtanordnung der Rechenwerke, des Einstellkontrollwerks und der Einstelltastatur ist zweckmäßig gestaltet. Während des ganzen Arbeitsvorganges kann mit einem Blick der Ablauf übersehen werden. Das Eintasten der Werte wird dadurch erleichtert, daß man für die Tastenreihen in bestimmter Folge schwarze und weiße Knöpfe gewählt hat. Klappkommastege und Schiebekommata legen bei Dezimalen die Kommasetzung von vornherein fest. Im Einstellkontrollwerk erscheint jeder eingetastete Wert. Unterlaufene Einstellfehler können vor dem Rechnen durch Löschen und Neueintasten der betreffenden Ziffern berichtigt werden. Die Tastenreihen lassen sich einzeln oder zusammen löschen. Hohe Betriebsgeschwindigkeit und unbedingte Zuverlässigkeit wird dadurch erreicht.

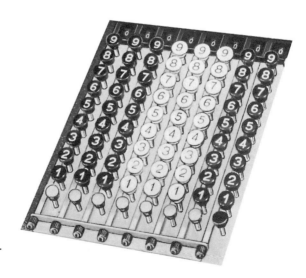

Tastatur einer
Rheinmetall-Rechen-
maschine

4. Handrechenmaschinen - 1922 bis 1927

Die erste unter dem Namen „Rheinmetall" von August Kottmann konstruierte Rechenmaschine wurde 1924 fertig.

„Rheinmetall" 1924

Die „Rheinmetall"-Rechenmaschine ist eine Staffelwalzenmaschine mit Tastatur. Sie hatte 11 Stellen im Einstellbereich, 17 im Resultat- und 8 im Umdrehungswerk. Bei der Handrechenmaschine treibt die Handkurbel über eine Stirnradübersetzung den Steg eines Differentialgetriebes an. Je nach Stellung eines Sperrschiebers wird der Antrieb auf die Staffelwalzenachsen oder eine Korrekturwelle weitergeleitet. Wenn sich die Staffelwalzen drehen, beginnt der Additionsvorgang.

Die Rheinmetall-Rechenmaschine besteht aus einem Zählwerk, einem Einstell- und Antriebswerk und der Zehnerübertragung. Im Deckblech sind Schaulöcher angebracht, unter denen die Ziffern der Rollenzählwerke sichtbar werden. Beim Drehen werden die Ziffern an den Schaulöchern nacheinander sichtbar. Auf den Ziffernrollen befinden sich große erhabene Ziffern. Das Einstellwerk besteht aus einer Volltastatur. Der wichtigste und zugleich schwierigste Mechanismus ist die Zehnerübertragung. Sie dient dazu, eine Ziffernrolle um eine Einheit weiterzuschalten, wenn die nächstniedere Ziffer ihren Höchstwert „9" überschreitet.

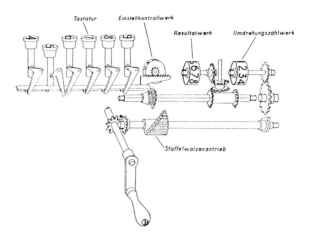

Schematische Darstellung des Einstell- und Antriebswerkes der Rheinmetall-Rechenmaschine

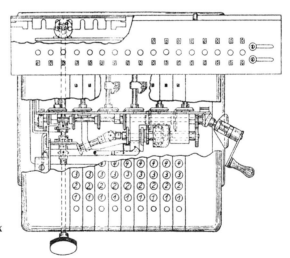

Blick in das Schaltwerk

Bei der Konstruktion der Rheinmetall-Rechenmaschine wurde darauf geachtet, den Aufbau der einzelnen Werke übersichtlich und die Bedienungsgriffe einfach, handlich und praktisch zu gestalten. Die Maschine mit Staffelwalzenantrieb hat sichere Zahneingriffsverhältnisse und durchgehende Zehnerübertragung auch im Umdrehungszählwerk. Ein Tastendruck genügte, und der Schlitten ließ sich um eine Stelle verschieben. Eingetastete Beträge konnten im Griffbrett einzeln oder reihenweise gelöscht werden. Die Maschine war mit Kommaschiebern und Steckkommas versehen. Divisions- und Multiplikationsaufgaben ließen sich leicht und mühelos erledigen. Die Handkurbel mußte dann solange gedreht werden, bis das vollständige Ergebnis im Umdrehungszählwerk erschien. 1927 wurde die neue automatische Division auch in die Handrechenmaschine eingebaut.

Die Rheinmetall-Handrechenmaschine wurde weiter verbessert. Es gab die Modelle mit fünf verschiedenen Stellenbereichen und Kommastegen, und zwar
- Modell Ib mit dem Stellenbereich 6.6.12
- Modell Id mit dem Stellenbereich 7.6.12
- Modell Ie mit dem Stellenbereich 8.6.12
- Modell If mit dem Stellenbereich 9.6.12
- Modell IIc mit dem Stellenbereich 9.8.17

Bei den Modellen mit der Bezeichnung D I b, D I d, D I e, D I f und D II c - ebenfalls mit unterschiedlichen Stellenbereichen - erfolgte die Division selbsttätig.

Auch die automatische Division konnte mit dieser Maschine durchgeführt werden. Mit einer Dreigriffkurbel am unteren Rand der Maschine konnte die Stellung des Wagens verändert werden.

Handmaschine IIc mit Dreigriffkurbel, links

Innenansichten der Rechenmaschinen:
Die Abbildungen lassen den hohen mechanischen Aufwand erkennen, der notwendig war, um die Funktion der Maschine sicherzustellen.

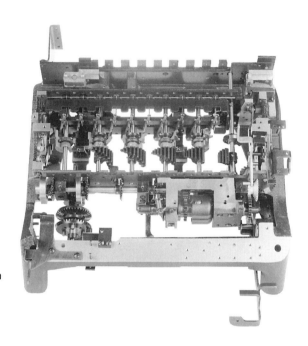

Teilmontage mit den Staffelwalzen

Seitenansicht mit der Divisionseinrichtung

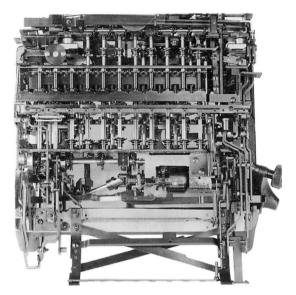

Ansicht von oben
ohne Tastatur

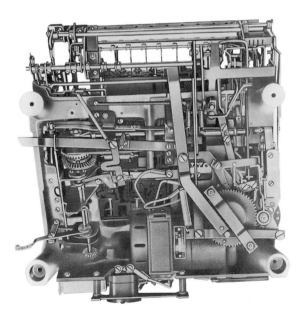

Rechenmaschine von
unten

5. Elektrisch angetriebene Rechenmaschinen - 1924

Als junger Mitarbeiter in der Rechenmaschinenabteilung hatte August Kottmann bereits als erster den Vorschlag gemacht, die Rechenmaschine elektrisch anzutreiben. Die Konzernleitung griff seine Idee auf und beauftragte ihn mit der Umsetzung.

Eine neue Generation von Geräten leitete die erste von August Kottmann konstruierte Rechenmaschine mit elektrischem Antrieb ein. Kottmann konstruierte die Rechenmaschine ER IIa. Sie war im August 1926 fertig und wurde auf der Frühjahrsmesse 1927 in Leipzig zum ersten Male vorgeführt. Sie war in der Lage, eine automatische Division auszuführen.

Ab 1929 wurden die elektrischen Rechenmaschinen weiterentwickelt. Diese Geräte mit elektrischem Antrieb, die eine Weiterentwicklung der Kottmannschen ER IIa darstellten, trugen die Bezeichnung KE. Es gab folgende Modelle:

Einfache elektrische Rechenmaschinen:

Modelle KE Ib, KE Id, KE Ie, KE If und KE II c mit unterschiedlichen Stellenbereichen. Die Rechenmaschinen erreichten eine hohe Arbeitsgeschwindigkeit durch den elektrischen Antrieb. Das Auslösen des Arbeitsganges erfolgte durch Tastendruck.

Elektrische
Rechenmaschine
Modell KE Ie

Elektrische Rechenmaschinen mit Summierwerk:

Modelle KES Ib, KES Id, KES Ie, KES If, KES Ic mit unterschiedlichen Stellenbereichen. Diese Rechenmaschinen besitzen ein Summierwerk mit Handbetrieb, direkte Subtraktion im Summierwerk, Rückübertragung der Endsummen aus dem Summierwerk in das Resultatwerk.

Modell KES Ie mit Dreigriffkurbel

Elektrische Rechenmaschinen mit Stopp-Division und elektrischem Wagentransport:

Modelle KEW Ib, KEW Id, KEW Ie, KEW If, KEW IIc mit unterschiedlichen Stellenbereichen, erleichtertes Dividieren durch Stopp-Division, elektrische Wagenverschiebung nach rechts und links.

Modell KEW Ie

Elektrische Rechenmaschinen mit Stopp-Division und Summierwerk:

Modelle KEWS Ib, KEWS Id, KEWS Ie, KEWS If, KEWS IIc mit unterschiedlichen Stellenbereichen, Summierwerk, direkte Subtraktion im Summierwerk, Rückübertragung der Endsummen aus dem Summierwerk in das Resultatwerk.

Modell KEWS

Elektrische Rechenmaschinen mit automatischer Division:

Modell KEL Ie mit selbsttätiger Division mit Unterbrechertätigkeit, umschaltbares Umdrehungszählwerk.

Modell KEL Ie

Elektrische Rechenmaschinen mit Rückübertragung:

Modell KEL Ie R mit Rückübertragungseinrichtung. Diese diente zur Ausführung von Multiplikationen mit mehr als zwei Faktoren. In Verbindung mit den Speicherwerksmodellen lassen sich Formeln und Rechenaufgaben ausführen. Die Zwischenergebnisse werden aus dem Resultatwerk in das Einstellwerk übernommen und erscheinen im Einstellkontrollwerk. Die Löschung der Rechenwerke erfolgt selbsttätig.

Das Modell KEL war die gleiche Maschine wie die vorhergehenden und hatte die gleiche Größe, besaß aber einen elektrischen Antrieb. Das Modell KES enthielt als Neuerung ein Summierwerk. Dieses Modell entsprach dem Modell KEL und besaß noch folgende zusätzliche Einrichtungen:

Summierwerk, direkte Subtraktion im Summierwerk, Rückübertragung der Endsummen aus dem Summierwerk in das Resultatwerk, auf Wunsch automatische Auf - und Abrundung der Dezimalstellen.

Das Modell KEW war eine elektrische Rechenmaschine mit Stopp-Division. Sie wurde in fünf Größen hergestellt und besaß ein zuschaltbares Umdrehungszählwerk. Mit dieser Maschine ließ sich sehr leicht dividieren. Eine elektrische Schlittenverschiebung nach beiden Seiten erleichterte ebenfalls die Arbeit.

Das Modell KEWS war ebenfalls eine elektrische Rechenmaschine mit Stopp-Division und Summierwerk, die auch in fünf Größen hergestellt wurde. Die Maschine besaß im Summierwerk noch eine direkte Subtraktion und die Rückübertragung der Endsummen aus dem Summierwerk in das Resultatwerk. Auf Wunsch konnte auch die Zusatzfunktion „Auf- und Abrundung der Dezimalstellen" in das Modell eingebaut werden.

6. Halbautomaten - 1929

Ende der 20er Jahre erfolgte wieder ein Sprung in der Entwicklung. Auf der Kölner Herbstmesse 1930 zeigte Rheinmetall zum erstenmal Maschinen, die über elektrischen Antrieb, automatische Division und automatische Multiplikation verfügten.

Die Halbautomaten trugen die Bezeichnung EW II, EW IIc mit unterschiedlichem Stellenbereich, EWS II und EWS IIc mit Speicherwerk, jedoch ohne automatische Division, EDW II und EDW IIc, EDWS II und EDWS IIc mit Speicherwerk, EDWL II und EDWL IIc mit elektrischer Wagenverschiebung nach rechts und links und Löschung der umschaltbaren Rechenwerke.

Rheinmetall-Halbautomat ED-Modell

Der Halbautomat wurde in zwei Größen für die Einstell-, Zähl- und Resultatwerke hergestellt, und zwar 7x6x13 und 9x8x17. Der Antrieb war elektrisch. Die Maschinen konnte die selbsttätige Multiplikation und Division, die elektrische Schlittenverschiebung nach beiden Seiten und eine elektrische Löschung der Zählwerke ausführen. Das schaltbare Resultatwerk war ebenfalls von großem Vorteil.

7. Superautomaten - 1931

Ab 1931 befaßten sich Ingenieure mit der Entwicklung und Konstruktion von Superautomaten. Selbstbewußt beschrieb Rheinmetall den Superautomaten als „*die einzige Rechenmaschine der Welt, die sämtliche Arbeitsvorgänge nach dem Eintasten der Zahlen vollkommen selbsttätig ausführt*".

Die Rheinmetall-Vollautomaten mit selbsttätiger Multiplikation besaßen neben dem Vieltastenfeld für den Multiplikanden noch ein besonderes seitlich angeordnetes Kleintastenfeld für die Multiplikatoreinstellung.

Es gab die Modelle: SA, SAS, SAL (ab 1930), SAL II, SAL IIc mit unterschiedlichem Stellenbereich, SASL II, SAS Ic, SAR.

Das Modell SAL, 1930 hergestellt, war ein Vollautomat in den Stellenbereichen 7x6x13 und 9x8x17. Der Superautomat besaß eine selbständige Multiplikation, eine Voreinstellung des Multiplikators durch die 10-Tasten-Tastatur, eine selbsttätige Division mit der selbsttätigen Einstellung des Dividenden. Automatisch ging auch die Löschung der Zählwerke bei Multiplikation und Division vor sich.

Superautomat SAL IIc mit seitlichem Kleintastenfeld

Der Superautomat SASL war mit einem Summierwerk ausgestattet. Es hatte noch folgende Funktionen: Vollautomatische Summierung der Einzelprodukte, direkte Subtraktion im Summierwerk, Rückübertragung der Endsummen aus dem Summierwerk in das Resultatwerk.

Durch weitere Erfindungen wurden einzelne Arbeitsvorgänge in den Maschinen vervollkommnet. Dazu gehörte die automatische Löschung der Zählwerke und des Einstellwerks, die Stopp-Division, das Speicher- oder Summierwerk und die elektrische Wagenbewegung.

Rheinmetall SAR IIc
mit seitlichem Kleintastenfeld

Damit lagen bis 1930 drei Grundtypen in verschiedenen Modellen vor: die Handrechenmaschine, der Halbautomat und der Superautomat.

Eine weitere technische Entwicklung wurde von der Wirtschaftskrise, die Ende der 20er Jahre einsetzte, unterbrochen. Im In- wie im Ausland kam die Firma Rheinmetall in Absatzschwierigkeiten. Das Werk hatte bis zu dieser Zeit ein weltumspannendes Vertriebsnetz aufgebaut. Die weltweite Wirtschaftskrise veranlaßte auch die Betriebsleitung, ab 1932 mit Kurzarbeit und Entlassungen diese Schwierigkeit zu meistern. Dabei rückte die Produktion der Handrechenmaschinen mit neuen Modellen wieder in den Vordergrund. Auch die elektrischen Rechenmaschinen wollte man preisgünstiger gestalten. Billigere Modelle konnten allerdings erst 1934 in Serie gehen.

8. Addier- und Saldiermaschinen - 1931

Ab 1931 wurden in der Firma Rheinmetall sichtbarschreibende Addiermaschinen konstruiert. Von Anfang an entwickelten Sömmerdaer Ingenieure Addiermaschinen mit Zehnertastatur. Die Rheinmetall-Addiermaschinen wurden in zehn verschiedenen Modellen hergestellt. Es gab handbetriebene und elektrisch angetriebene Maschinen. Alle Maschinen besaßen die Zehnertastatur mit je 10 Stellen in den sichtbaren Einstell- und Resultatwerken.

Die Maschinen ermöglichten Addition und Subtraktion unter und über Null. Es gab eine Korrekturmöglichkeit für eingetastete Zahlen vor Aufnahme in das Resultatwerk, eine Sperrvorrichtung gegen falsche Bedienung und Nullkontrolle für geleertes Zählwerk durch Klarsterndruck.

Es wurden folgende handbetriebenen Modelle gefertigt:

AH: Einfache Addiermaschine. Das Modell AH war das Grundmodell, auf dem sich die weiteren Maschinen mit ihren zusätzlichen Einrichtungen aufbauten. Der eingetastete Wert erschien im Einstellkontrollwerk. Eingabefehler ließen sich vor dem Schreiben feststellen und durch Druck auf die Korrekturtaste beseitigen.

AHS: Das Modell AHS war 10stellig mit Saldiereinrichtung, schrieb Plussalden schwarz, Minussalden rot.

AHW: Das Modell AHW hatte einen 24 cm oder 33 cm breiten Springwagen. Mit Hilfe des Setztabulators konnte der

Rheinmetall-Addiermaschine mit Handbetrieb

Wagen in jede gewünschte Spalte springen. Auf dieser Maschine ließen sich auch mehrspaltige Formulare beschriften.

AHSW: Das Modell hatte eine Saldiereinrichtung und einen größeren Wagen.

Die elektrisch angetriebenen Modelle hatten einen Spring- und Schüttelwagen mit selbsttätigen Wagenrücklauf und Zeilenschaltung. Dazu kam noch eine Vordruck-Einwurfvorrichtung, Rotdruck der Minusposten, Zwischen- und Endsummen, Nullendruck allein und vor den Zahlen, Postenzähler mit Schrägzahlen, Schreibwerk mit drei Dezimalen.

Es gab folgende elektrische Modelle:

AE: Das Modell AE war eine einfache Addiermaschine mit elektrischem Antrieb.

AES: Das Modell AES hatte eine Saldiereinrichtung. Sie rechnete unter Null, schrieb Plussalden schwarz und Minussalden rot und hatte folgende Zusatzeinrichtungen: direkte Funktionsauslösung, Umschalttaste von Zeilentransport auf Wagensprung, Setztabulator und Einstellkontrolle.

AEW: Addiermaschine mit 24 oder 33 cm breitem Wagen.

AESW: Addiermaschine mit Saldiereinrichtung und 24 oder 33 cm Wagen.

AEWe: Addiermaschine mit Springwagen und automatischem Wagenrücklauf, Nummerntaste, Umschalttaste von Zeilentransport auf Wagensprung, Setztabulator, Einstellkontrolle.

AESWe: Addiermaschine mit Saldiereinrichtung, Springwagen mit selbsttätigem Wagenrücklauf, Nummerntaste, Umschalttaste von Zeilentransport auf Wagensprung. Sie stellte die Minussalden in roter Schrift und die Plussalden in schwarzer Schrift dar. Zusätzlich enthielt sie noch einen Setztabulator.

Die Preise bewegten sich damals zwischen 550 und 1470 Reichsmark.

Addiermaschine mit elektrischem Antrieb, breitem Wagen und Standverbreiterung hinten

9. Fakturiermaschinen - 1932

1932 hatte August Kottmann die Konstruktion seiner Fakturiermaschine vollendet. Der Öffentlichkeit wurde sie zum ersten Male auf der Leipziger Frühjahrsmesse 1932 vorgestellt. Die Arbeit an einer Fakturiermaschine hatte Kottmann bereits 1929 begonnen. Am 17. Juli 1930 erhielt er ein Patent mit dem Titel „Schreibende, selbsttätig multiplizierende Rechenmaschine". Diese Maschine bestand aus einer speziellen Schreibmaschine, die mit einem für Multiplikation, Addition und Subtraktion konstruierten und mit Speicherwerken kombinierten Rechenmaschinenmechanismus verbunden war. Ab 1936 kamen noch ein paar Zusatzeinrichtungen und eine größere Speicherkapazität hinzu.

Das wohl größte Ereignis in der Büromaschinenproduktion in Sömmerda brachte das Jahr 1937.

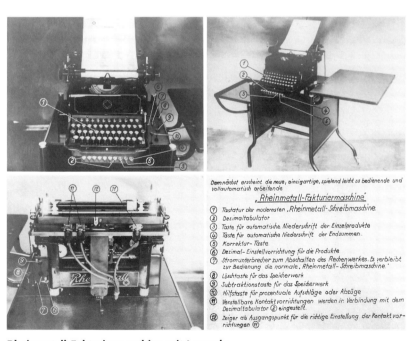

Rheinmetall-Fakturiermaschine mit Legende

> *Es war ein schwülheißer Vorsommertag, als in Paris am 26. Mai 1937 die Weltausstellung „Exposition Internationale des Arts et des Techniques" eröffnet wurde. Zur Eröffnung hatten 52 Staaten ihre neuen technischen Erzeugnisse mitgebracht und führten sie auf dem Ausstellungsgelände dem staunenden Besuchern vor. Aus Deutschland brachten Werksangehörige aus Sömmerda die Fakturiermaschine FMR mit. Die Fakturiermaschine erhielt für ihre hervorragenden Leistungen die Goldmedaille, das „Diplome des Grand Prix". Sie galt als ein Weltspitzenerzeugnis, weil sie nahezu konkurrenzlos war. Bald nach der Weltausstellung wurde sie zum Exportschlager. Nur ein amerikanisches Modell war noch auf dem Weltmarkt vorhanden, das jedoch keine sofort sichtbare Schrift besaß.*

Die Fakturiermaschine ist eine Verbindung zwischen einer normalen Rheinmetall-Schreibmaschine mit einer Rechenmaschine. Die Bedienung erfolgte ausschließlich von der Schreibmaschinentastatur aus und war sehr einfach. Die Maschine schrieb vollständige Texte und Zahlen. Beim Niederschreiben der Zahlen für Menge und Einheitspreis stellten sich die Werte automatisch in der Rechenmaschine ein, worauf selbsttätig die Multiplikation und Niederschreibung folgten. Die Einzelprodukte wurden von der Maschine gespeichert und zur gegebenen Zeile als Rechnungsbetrag zum Abdruck gebracht. Prozentuale Aufschläge oder Abzüge errechnete die Maschine selbsttätig und schrieb sie positionsgerecht in die Spalten des Schriftstücks.

Rheinmetall - Fakturiermaschine, Baujahr 1935

Medaille der Weltausstellung 1937 in Paris

Das Innenleben der Fakturiermaschine

10. Zusammenfassung

1932 stellte August Kottmann die Rheinmetall-Fakturiermaschine vor. Sie galt bald als konkurrenzloses Erzeugnis. Eine besondere Ehrung erhielt Kottmann im Jahre 1935, als ihm der Verein Deutscher Ingenieure den VDI-Ehrenring für seine Meisterwerke feinmechanischer Technik überreichte. Aber die Krone seines Erfindergeistes und rastlosen Konstruierens war die Verleihung des „Grand Prix" im Jahre 1937 auf der Weltausstellung in Paris. Zahlreiche Glückwünsche erreichten ihn von Generalvertretungen der Rheinmetall-Maschinen.

Der Kriegsausbruch 1939 und die bis dahin erfolgte Produktion von Kriegsgeräten blieben für die Firma Rheinmetall-Borsig, die inzwischen bis 1942 zu den sogenannten „Reichswerken" gehörte, nicht ohne Folgen. Die Büromaschinenfertigung wurde bald eingestellt. 1941 ernannte die Werksleitung August Kottmann zum Abteilungsdirektor und nach Beendigung des Krieges vorübergehend zum stellvertretender Werksdirektor.

7 Der Neuanfang ab 1945 in Sömmerda

1. Der Weg des Rechenmaschinenkonstrukteurs Curt Herzstark nach Sömmerda

Es war am 10. April des Jahres 1945, einem Dienstag. Im Konzentrationslager Buchenwald auf dem Ettersberg nördlich von Weimar entstand Unruhe unter den Häftlingen. „Was ist los? Wie weit sind die amerikanischen Truppen noch von Weimar entfernt?", fragten sich viele. „Sie sollen schon an der Grenze zu Thüringen sein", meinten andere Häftlinge. Die KZ-Bewacher packten aufgeregt ihre Sachen, und dann waren sie plötzlich verschwunden. Sie hatten fluchtartig das Lager verlassen und die Tore geöffnet.

Dann kam der 11. April 1945. Curt Herzstark war auf diesen Tag vorbereitet. Im selben Augenblick, als die Panzer der amerikanischen Truppen die Betonpiste zum KZ-Lager hineinrollten, stand er mit seinen Habseligkeiten am Tor. Mit ihm verließen Tausende von Häftlingen in langen Kolonnen das Lager und gingen hinunter in die nahe Stadt Weimar. Die Bewohner Weimars hatten weiße Bettlaken aus dem Fenster gehängt. Das Ende des Krieges war gekommen. Niemand wußte, wie es weitergehen würde. Nur weg von hier, weg vom verhaßten KZ-Buchenwald. Curt Herzstark war unter ihnen. In seinem kleinen Gepäck hatte er sorgsam Zeichnungen und Skizzen bewahrt, die er während seiner KZ-Haft angefertigt hatte. Es waren Skizzen für seine Handrechenmaschine.

Curt Herzstark wurde 1902 in Wien geboren. Sein Vater gründete 1905 in Wien die Firma „Rechenmaschinenwerk AUSTRIA Herzstark & Co". Im Werk seines Vaters arbeitete er nach seinem

Schulabschluß an der Fertigung der Austria-Maschine, einer Vierspezies-Rechenmaschine nach dem Staffelwalzenprinzip.
Nach der Machtübernahme Hitlers in Österreich im März 1938 ging zunächst alles recht gut weiter. Im Jahre 1943 kam für Curt Herzstark die schwerste Stunde seines Lebens. Da seine Familie Juden waren, wurde er in Haft genommen, nach Prag deportiert und dann in das KZ Buchenwald bei Weimar gebracht.
Herzstark hatte noch Glück. Man erkannte seine Fähigkeiten und wußte von seinen technischen Fertigkeiten und Arbeiten an einer Rechenmaschine. So kam es, daß er zu Arbeiten in das dem KZ angegliederte Gustloff-Werk beordert wurde. Herzstark erhielt dort spezielle Aufgaben, zum Beispiel bei der Restaurierung von Werkzeugmaschinen. Curt Herzstark erhielt im KZ-Lager ein kleines Reißbrett und das nötige Zeichengerät zur Verfügung gestellt. Er arbeitete jede freie Minute an seinen Plänen, auch sonntags.

Zeichnung der Miniaturrechenmaschine „Liliput", von Curt Herzstark 1944 im KZ Buchenwald angefertigt

Dann kam der 11. April 1945, der Tag der Befreiung aller Gefangenen aus dem KZ Buchenwald bei Weimar. Ein frischer Wind, der den kommenden Frühling andeutete, wehte über den Ettersberg. Curt Herzstark hatte einen vollständigen Satz Konstruktionspläne für seine Kleinrechenmaschine in seiner Tasche. Er versuchte, eine Realisierungsmöglichkeit zu finden. Etwa 20 Kilometer nördlich von Weimar lag die Stadt Sömmerda. Herzstark wußte, daß dort seit 1920 Rechenmaschinen hergestellt wurden. Vielleicht konnte er dort seine Pläne vorlegen? Und er machte sich auf den Weg nach Sömmerda.

2. Herzstarks Pfeffermühle

Es ging alles viel leichter, als er sich das vorstellte. In Sömmerda hatten die amerikanischen Truppen das Rheinmetallwerk besetzt, Konstruktionspläne, Patente und wichtige Unterlagen für die Herstellung von Kriegsmaterial aufgefunden und abtransportiert. Die Wiederaufnahme der serienmäßigen Büromaschinenherstellung sollte dann unter der Leitung von August Kottmann erfolgen. Herzstark traf an einem regnerischen Apriltag in Sömmerda ein und ging sofort zur Werksdirektion. Direktor war Paul Kroscewski, ein Beauftragter der KPD-Bezirksleitung in Erfurt, dem er seine im KZ angefertigten Konstruktionspläne für eine Kleinstrechenmaschine vorlegte. Wohl als Wiedergutmachung setzte die Direktion Herzstark sogleich als Technischen Leiter ein. Als Stellvertreter wurde Erich Liebig bestellt. Curt Herzstark wußte, daß im Werk der Rechenmaschinenkonstrukteur August Kottmann der „1. Konstrukteur der Betriebsabteilung Büromaschinen" war. Wird das gutgehen? Herzstark war immerhin auch als Regierungstreuhänder für die Büromaschinenfertigung in Thüringen dazu beauftragt, die Herstellung von Büromaschinen wieder anzukurbeln.

Das Glück währte nicht lange, denn schon im Juli 1945 wurde Thüringen aufgrund des Potsdamer Abkommens der sowjetischen Besatzungszone zugeordnet, und die Sowjets besetzten die ihnen zugeteilten Gebiete Deutschlands. Am 4. Juli zogen sowjetische Truppen in Sömmerda ein. Die sowjetische Verwaltung begann, die Wirtschaft nach ihren eigenen Vorstellungen wieder aufzubauen.

Am 21. September 1945 fand eine Besprechung der Werksleitung im Sömmerdaer Rheinmetallwerk statt, an der die Herren Kroscewski, Herzstark, Liebig und Katthage mit einem russischen Major teilnahmen. Hier wurde das Produktionsprogramm für die kommende Zeit besprochen.

Von nun an bekam Curt Herzstark Schwierigkeiten mit dem Direktor, wohl auch mit August Kottmann, der seine eigenen

> **Aktennotiz!**
>
> Betr.: Besprechung des Herrn Major Nowikow mit den
>   Vertretern der Sömmerdaer Betriebe am 21.9.1945
>
> Anwesend von der Firma Rheinmetall die Herren:
>
> > Kroscewski
> > Dr. Herzstark
> > Liebig
> > Dr. Katthage.
>
> Herr Major Nowikow liess sich über das Fabrikationsprogramm und
> die bestehenden wirtschaftlichen Schwierigkeiten unterrichten.
> Er forderte auf, alle Kräfte einzusetzen, um die Betriebe be-
> schleunigt wieder in Gang zu bringen. Herr Major Nowikow sagte
> seine Unterstützung zu, empfiehlt jedoch gleichzeitig, auch die
> Industrie-Abteilung der Landesregierung in Weimar in Anspruch
> zu nehmen und dort unter Darlegung der Fabrikationspläne um
> Beseitigung bestehender Schwierigkeiten nachzusuchen. Zur Ge-
> staltung des Fabrikationsprogramms erwartet Herr Major Nowikow,
> dass vor allem auch dringender Bedarf unserer Zivilbevölkerung
> Berücksichtigung findet.
>
> Sömmerda, den 22.9.1945
> Dr.K/Sch.   (gez.) Kroscewski
>
> Verteiler:
> 1x Werksdirektion
> 1x H.Kottmann
> 1x Verkauf
> 1x Einkauf

Aktennotiz der Militärkommendantur Sömmerda zum Produktionsprogramm des Rheinmetallwerkes

Konstruktionen aus der Vorkriegszeit wieder weiterentwickeln wollte und in der Kleinstrechenmaschine von Herzstark eine Konkurrenz sah.

Die wenigen Monate bis November 1945 reichten für Curt Herzstark immerhin aus, um seine Pläne weiterzuverfolgen. Er fand

Mitarbeiter im Werk, die mit ihm nach seinen Konstruktionsunterlagen drei Prototypen seiner Kleinstrechenmaschine herstellten.

> *Es war kein gewöhnlicher Mittwoch, jener 6. November 1945. Im Sömmerdaer Volkhaus fand eine Feier zur russischen Oktoberrevolution statt. Die Sowjetische Kommandantur in der Bahnhofstraße war mit Lichtern herausgeputzt, als Curt Herzstark durch die Goethestraße zur Uhlandstraße 19 ging. August Kottmann, der „1. Konstrukteur der Betriebsabteilung Büromaschinen" hatte ihn eingeladen. Es sollte sein letzter Besuch sein. In seinem Reisegepäck befanden sich zu dieser Zeit schon die drei Prototypen seiner Miniaturrechenmaschine, die wie eine Pfeffermühle aussah. Aber davon wußte August Kottmann nichts, auch nicht von der Absicht Herzstarks, Sömmerda sobald wie möglich zu verlassen. Fritz Kottmann, der Sohn August Kottmanns kann sich noch erinnern: Curt Herzstark setzte sich in der Wohnstube an das Klavier und spielte Griegs „Hochzeitstag", den dieser seiner Frau gewidmet hatte. Curt Herzstark verabschiedete sich und sagte: „Ein Hochzeitstag kann nur ein Höhepunkt sein. Aber es kommen schlimme Zeiten auf Sie zu. Bleiben Sie stark!"*

Curt Herzstark konnte seine Idee für eine Kleinstrechenmaschine mit dem Sprossenrad als Konstruktionsunterlage im Sömmerdaer Rheinmetallwerk nicht durchsetzen. Allein die Form nach Art einer Konservendose war ungewöhnlich. Oberhalb der Rundform befand sich eine drehbare Kurbel für die Ausführung der Rechenfunktionen. Seitlich der Rundform hatte Herzstark die Einstellmöglichkeiten für den Rechenvorgang angebracht. Das alles widersprach dem von Richard Berk ab 1920 und später auch von August Kottmann vorgesehenen Staffelwalzen-Konstruktionsprinzip. Die Folge war, daß Curt Herzstark Ende November 1945 Sömmerda fluchtartig verließ.

Seine Konstruktionspläne und die drei Rechenmaschinenmodelle nahm er mit.

Curt Herzstark nach seinem Weggang aus Sömmerda

Die drei Prototypen

3. Die Kleinstrechenmaschine von Herzstark wird in Liechtenstein produziert

Eine abenteuerliche Flucht führte Curt Herzstark zurück in seine Heimatstadt Wien. Die Pläne und die Bestandteile der Prototypen konnte er mitnehmen. Den Zusammenbau ließ er schließlich in seiner elterlichen Firma vornehmen. Und nun begann die Suche nach einer Produktionsstätte.

Von Wien aus nahm Curt Herzstark Kontakte mit schweizerischen Büromaschinenherstellern auf. Sie blieben ohne Erfolg, Erst dann, als aus dem Fürstentum Liechtenstein eine Einladung an Curt Herzstark folgte, schienen sich seine Pläne zur Fabrikation einer Kleinstrechenmaschine zu verwirklichen. 1946 wurde die Firma Contina AG gegründet und Curt Herzstark zum technischer Direktor bestellt. Zunächst gelang es Herzstark mit einigen sehr fähigen und experimentierfreudigen Mechanikern die ersten Rechenmaschinen herzustellen. Sie sollten ursprünglich den Namen „LILIPUT" tragen, wie er dies in seiner Zeichnung aus dem KZ Buchenwald vorgesehen hatte. Das gefiel der Gesellschaft nicht. „Wenn der Vater Curt heißt, dann soll doch die Tochter CURTA heißen". Bei diesem Namen blieb es. Das ersten CURTA-Modell I hatten ein 11stelliges, das Modell II ein 15stelliges Resultatwerk.

Die Curta-Kleinstrechenmaschine

Was ging dieser Entwicklung voraus? Vierspeziesmaschinen im Taschenformat zur Bedienung mit der Hand wurden bis in die 30er Jahre nicht produziert. Alle Versuche, herkömmliche Rechenmaschinen zu verkleinern, blieben ohne Erfolg.

1936 gelang es Curt Herzstark, im väterlichen Betrieb in Wien einen Taschenrechner auf mechanischer Grundlage zu konstruieren. Der Konstruktionsidee lag eine zylindrische Form zugrunde. Sie ermöglichte eine Sichtkontrolle im Einstell-, Umdrehungs- und Ergebniswerk. In diesen Rundbau montierte Herzstark die Staffelwalze. Zunächst waren nur die beiden Rechenarten Addition und Multiplikation möglich. 1937 gelang es ihm, eine Komplementärstaffelwalze zu konstruieren. Das System bestand jetzt aus zwei gegenläufig ineinander verschachtelten Staffelwalzen, die auf einer gemeinsamen Achse angebracht waren und mit der Kurbel gedreht wurden. Durch diese Konstruktion war es möglich, auch Subtraktionen und Divisionen durchzuführen. Die Umschaltung auf Subtraktion oder Division erfolgte durch Herausziehen der Kurbel mit der daran befestigten Komplementärstaffelwalze.

Die „Curta" blieb die einzige mechanische Vierspezies-Taschenrechenmaschine auf der Welt.

Das Ende der Tätigkeit von Curt Herzstark in Liechtenstein zeichnete sich bereits 1951 ab. Er trat als technischer Direktor zurück, blieb aber noch einige Zeit freier Mitarbeiter. Bis zum Jahre 1970 wurden 80 000 Stück der CURTA I und 61 000 Stück der CURTA II verkauft. 1970 stellte das Werk die Rechenmaschinenfertigung ein.

Curt Herzstark starb am 27. Oktober 1988 in Nendeln, Fürstentum Liechtenstein.

Curt Herzstark
1902 – 1988

8 Die neuen Rechenmaschinenkonstruktionen in Sömmerda ab 1945

1. Der Neubeginn unter August Kottmann

Im Jahre 1945 begann auch für Sömmerda und damit für das Werk Rheinmetall eine neue Zeitrechnung. Es herrschte Besatzungsrecht. Am 3. Juli 1945 löste das sowjetische Militär die amerikanischen Soldaten als Besatzungsmacht ab.

Die Wiederaufnahme der serienmäßigen Büromaschinenherstellung erfolgte unter der Regie von August Kottmann. Er bekam den Posten eines 1. Konstrukteurs der Betriebsabteilung Büromaschinen. Im Winter 1945/46 begann die Demontage des Werkes durch die Besatzungsmacht. Insgesamt wurden rund 70 Prozent des Werkes demontiert. Die „Fabrik für Schreib- und Rechenmaschinen Rheinmetall-Borsig" gehörte von nun an zu einer sowjetischen Aktiengesellschaft. August Kottmann wurde Hauptingenieur. Aber nicht alles wurde demontiert, auch gingen die Konstruktionsunterlagen für die Schreib- und Rechenmaschinenproduktion nicht verloren. Die Büromaschinenproduktion sollte wieder der tragende Bereich im Rheinmetallwerk werden.

In den folgenden Jahren kam August Kottmann zu großen Ehren. 1951 verlieh ihm die Regierung der DDR das Aktivistenabzeichen. Am 13. Oktober 1951 erhielt er den Titel „Verdienter Erfinder". Seine Leistungen bekamen höchste Anerkennung, als er vom Ministerium für Maschinenbau am 14. August 1952 zum Chefkonstrukteur ernannt wurde. Zugleich erhielt er die Zuständigkeit für die Durchführung der Konstruktions- und Entwicklungsarbeiten für die Büromaschinenherstellung in den Schreib- und Rechenmaschinenwerken in Dresden, im Wandererwerk sowie im Astrawerk in Chemnitz, im Optima Büromaschinenwerk in Erfurt, im Mercedes-Werk in Zella-Mehlis, im Triumphator-

Werk in Leipzig, im Archimedes-Werk in Glashütte sowie im Groma-Werk in Markersdorf.

1952 wurde der Betrieb „Volkseigentum" und entwickelte sich rasch zu einem der führenden Hersteller elektromechanischer Schreib-, Rechen- und Fakturiermaschinen. Das war insbesondere das Verdienst August Kottmanns.

August Kottmann war von 1952 an Technischer Direktor des Werkes. Er erlebte noch das Vordringen der Elektronik und die Einstellung der Büromaschinenfertigung, soweit sie von der Mechanik beeinflußt war. Ein Höhepunkt seines Lebens war 1957 die Herstellung der 20 000sten Fakturiermaschine.

Die weitere Rechenmaschinenherstellung verlief zunächst ähnlich wie in Vorkriegszeiten. Die Produktion war gekennzeichnet durch die Materialknappheit. Aber auch dieses Problem wurde gelöst.

Die Konstrukteure unter Leitung von August Kottmann waren ständig bemüht, die Produktion von Rechenmaschinen weiter zu entwickeln und die bisherigen Modelle durch neue Typen zu ersetzen. Diese Neuentwicklungen wurden dann erstmalig zur Leipziger Messe gezeigt und angeboten.

**August Kottmann (re.)
mit Direktor Liebig**

2. Mechanisch angetriebene Rechenmaschinen - die Handrechenmaschine

Die serienmäßige Herstellung mechanischer Rechenmaschinen begann 1922. Nach dem 2. Weltkrieg konnte die Produktion unter schwierigen Umständen fortgesetzt werden. Im Jahre 1957 wurde die Produktion der Handrechenmaschine eingestellt.

Handrechenmaschine
D2C, 1953

3. Elektrisch angetriebene Rechenmaschinen

Die serienmäßige Herstellung elektrisch angetriebener Rechenmaschinen begann im Jahre 1924. Bis zum Jahre 1968, dem Jahr der Einstellung der Produktion, wurden folgende Modelle hergestellt:
KE: elektrisches Modell
KES: elektrisches Modell mit Summierwerk
KEW: elektrisches Modell mit elektrischer Schlittenverschiebung
KEW IIe: Weiterentwicklungen der elektrischen Modelle
KEL RS: dgl.

Elektrische Rechen-
maschine KEW IIc

Modell KELR IIc

4. Halbautomaten

Die serienmäßige Herstellung der Halbautomaten begann 1929. Die Grundlage für die Halbautomaten bildete das Modell KEL. Die Halbautomaten waren grundsätzlich mit Divisions-Voreinstellung und Zählwerk-Tabulator ausgerüstet. Die Maschinen dieser Typenreihe erhielten eine Leichtmetall-Abdeckhaube. Die Produktion wurde 1961 eingestellt. Es gab folgende Modelle
ED: Halbautomat
EDW: Halbautomat mit Speicherwerk
EDWS: Halbautomat mit Speicherwerk und elektrischer Wagenverschiebung

5. Superautomaten

Die serienmäßige Herstellung der Superautomaten begann 1931. Die Produktion wurde 1971 eingestellt. Bei den Superautomaten gab es folgende Modelle:

Superautomat mit abgenommener Verkleidung auf der Bodenplatte, vorn der angebaute Multiplikationskörper

Superautomat ohne
Verkleidung,
Ansicht von oben mit
abgenommenem
Zählwerk

SA: Vollautomat mit selbsttätiger Multiplikation
SAS: Vollautomat mit Speicherwerk
SAL: Vollautomatische Rechenmaschine mit vielen Löschvorrichtungen
SASL: Vollautomatische Rechenmaschine mit Speicherwerk und Löschvorrichtungen

6. Rechenautomaten

Die serienmäßige Herstellung der Rechenautomaten begann 1951. Bis zum Jahr der Produktionseinstellung 1971 wurden über 200 000 Stück dieses Modells hergestellt. Eine Weiterentwicklung des Rechenautomaten ist das Modell SARS, wobei die Grundtype mit einem Speicherwerk ausgerüstet wurde. Der Ingenieur Erich Krüger beschreibt dieses Modell: *„Die Bezeich-*

nung Speicherwerk kennzeichnet diese Einrichtung in dem Sinne, daß ein zweites Zählwerk vorhanden ist, mit dem direkt, positiv oder negativ gerechnet werden kann."

Rechenautomat SAR
mit Volltastatur und
Zehnertastatur

Rechenautomat
Modell SAR IIc, 1957

Modell SAR IIc S

Modell SAR IIc

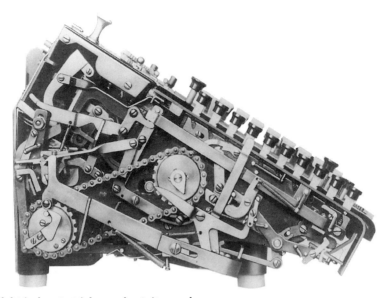
Elektrischer Antrieb von der Seite gesehen

Rheinmetall Rechenmaschine ohne Verkleidung

7. Addier- und Saldiermaschinen

Die serienmäßige Herstellung hand- und elektrisch angetriebener Addier- und Saldiermaschinen begann 1931. Bis zur Produktionseinstellung 1966 wurden über 300 000 Maschinen hergestellt.

Addiermaschine, Handmodell

Kleine Handaddiermaschine, Typ 160

Nach Erich Krüger lagen auch für das Addiermaschinenprogramm zwei Grundtypen vor, nämlich die bekannte Saldiermaschine AES und als Ergänzungsmodell der Type AESWE und als zweite Grundtype die kleine Saldiermaschine Typ 160 als Handmaschine und Typ 161 als elektrisch angetriebenes Modell.

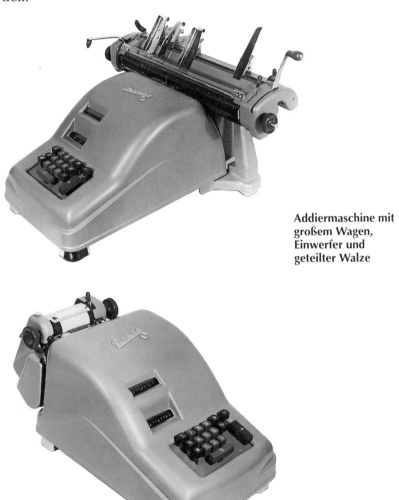

Addiermaschine mit großem Wagen, Einwerfer und geteilter Walze

Addiermaschine, elektrisches Modell

8. Fakturiermaschinen

Die serienmäßige Herstellung mechanischer Fakturiermaschinen vom Modell FMR begann 1932. Die Produktion wurde 1953 eingestellt. 1949 entwickelte und konstruierte August Kottmann mit erfahrenen Ingenieuren das elektrische Modell FMW. Über 142 000 Stück dieses Modells konnten bis zur Einstellung der Produktion im Jahre 1973 hergestellt werden.

Das Fakturiermaschinenmodell FME bot viele Möglichkeiten im Einsatz beim Fakturieren, zum Beispiel durch das zusätzliche Konstantenwerk. Über das Konstantenwerk konnten zwei Faktoren und das Datum durch einfachen Druck auf die jeweilige Bedientaste automatisch zur Weiterverarbeitung bzw. nur zum Schreiben übernommen werden.

Die Übernahme oder der Schreibvorgang erfolgte dabei mit einer Geschwindigkeit von 10 Anschlägen pro Sekunde. Rechen- und Speicherwerk waren durch Kabel und Stecker mit der elektrischen Schreibmaschine verbunden.

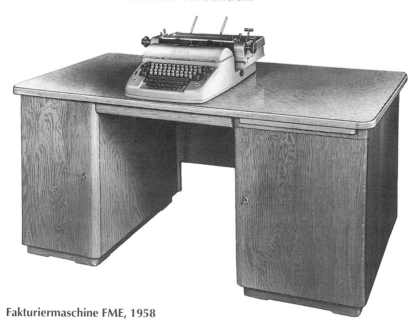

Fakturiermaschine FME, 1958

Das neue Modell FMT war als Fakturiermaschine mit drei Speicherwerken ausgerüstet ähnlich dem Modell FME. Der Tisch bestand aus zwei Teilen, welche die Kombination Rechenwerk links oder rechts zuließen. Dieses Modell konnte auch mit einer Lochstreifeneinrichtung versehen werden.

9. Visionen der Rechenmaschinenentwicklung aus der Sicht von August Kottmann

Das Ende der Produktion mechanischer und elektrischen Rechenmaschinen hatte August Kottmann bereits in der zweiten Hälfte der 50er Jahre vorausgesehen. Das ist aus seinen Unterlagen, und zwar aus tagebuchartigen Aufzeichnungen von 1956 bis 1960, und aus einem Brief vom 6. August 1957 an das Ministerium für Allgemeinen Maschinenbau der DDR zu entnehmen.

> *Am 14. April 1956 flog August Kottmann über Berlin-Schönefeld und Zürich nach Mailand. Auf der dort stattfindenden Messe holte er sich in Begleitung des italienischen Generalvertreters Hugnot viele Anregungen ausländischer und westdeutscher Rechenmaschinenhersteller. Er kam er zu der Erkenntnis, daß die bisherigen Konstruktionsmerkmale der Sömmerdaer Rechenmaschinen, Streifenlocher und Sortiermaschinen für die Zukunft nicht mehr ausreichen würden. In vielen Besprechungen in Erfurt, Karl-Marx-Stadt (Chemnitz), Berlin und Suhl wies Kottmann auf die Probleme beim Übergang der Einführung und Weiterentwicklung der neuen Technik hin. Er hatte erkannt, daß die Rechenmaschinen, insbesondere solche, die bereits wie die Fakturiermaschinen mit Speichermöglichkeiten ausgestattet waren, als „Vorläufer des Computerzeitalters" bezeichnet werden können.*

August Kottmann hat die zukünftige Entwicklung der Büromaschinen sowie den Einfluß der elektronisch gesteuerten Rechenmaschinen bereits am 6. August 1957 in einem Brief an den stellvertretenden Minister Kresse im Ministerium für Allgemeinen Maschinenbau der DDR geschildert. Er schrieb:

> „Bei Ihrem Besuch in Sömmerda gab ich Ihnen ein kurzes, aber präzises Bild vom Stand der Technik 1956. Auf diesem Gebiet geht eine sehr schnelle und großzügige Entwicklung voran. Dies zeigen die Ausstellungen in Mailand, Zürich und Hannover ... Jetzt ist zu klären: Wie wird die zukünftige Entwicklung weitergehen? Werden elektronische Maschinen die allgemeine Entwicklung der Büromaschinen aufhalten oder gar verdrängen? Die letzten Ausstellungen und Messen zeigen, daß die Entwicklung und der Bau der elektronischen Maschinen nicht aufgehalten werden kann ... "

Kottmann beschreibt in diesem Brief zunächst die Relaistechnik:

> „Man suchte schon immer nach Möglichkeiten, bedeutend höhere Rechengeschwindigkeiten zu erreichen, um bei bestimmten wissenschaftlichen und Forschungsaufgaben schnelle und sichere Ergebnisse zu bekommen. Man machte die ersten Versuche mit sogenannten Relais-Rechenautomaten, die auf vollkommen elektrischer Basis arbeiten. Damit beschäftigte sich vor allem Konrad Zuse[*], der als Vater des Computer bezeichnet wird. Bei den später entwickelten elektronischen Rechenanlagen wurden die Relais durch Röhren ersetzt. Röhren arbeiteten trägheitsloser, und man kam zu höheren Rechengeschwindigkeiten. Diese Röhren hatten jedoch bestimmte Nachteile, und zwar die Größenverhältnisse und die Funktionssicherheit. Man suchte und fand deshalb als Ersatz für die Röhren bestimmte Bauelemente, zum Beispiel die sogenannten Halbleiter oder Ferritkerne ... Die DDR besitzt gute Konstruktionen, nützt sie aber wirtschaftlich nicht genug aus."

[*] Konrad Zuse erkannte die Bedeutung der Rechenmaschinen als Vorläufer der Computer. Mit seiner „Z1" gelang ihm 1938 der Durchbruch. Aber erst 1940 kam mit seiner „Z2" der erste Rechner der Welt mit elektromechanischem Relais zum Einsatz.

August Kottmann wußte, daß ca. 18 000 Großrechner während der Jahre 1943 bis 1946 in den USA entwickelt wurden, aber nur der Anfang einer Entwicklung war. Schon 1948 ermöglichte die Erfindung des Transistors die Konstruktion von kleinen Rechnern. Es dauerte aber noch einmal 20 Jahre, bis es zur Entwicklung integrierter Schaltkreise kam.

Über die Zukunft der Fabriken schreibt Kottmann:

„Unsere Schreib-, Addier- und teilweise Rechenmaschinen sind sehr kompliziert und haben sehr viele verschiedene Teile. Das Herstellen dieser vielen Teile ist schon jetzt ein Problem und wird es auch in Zukunft bleiben ... Zur Arbeit in der DDR wäre noch folgendes zu sagen: Elektronik ist ein neues großes, technisches Gebiet. Das Vorankommen hängt von der schnellsten Erstellung der Bauelemente ab. Man sollte alles daransetzen, diese Technik auch bei uns zu entwickeln, zu fördern und zu nutzen. Wir besitzen sehr gute Geräte in der Büromaschinen-Branche, die auf dem Weltmarkt führend sind, nützen dies aber wirtschaftlich nicht genügend aus, denn laufend sind Schwierigkeiten entweder in der Fertigung oder im Absatz festzustellen. Die Frage ist nur warum? Eines steht fest, die Büromaschinenproduktion in der DDR steigt nicht in dem notwendigen Tempo, zeigt sogar eine rückläufige Tendenz. Um diese Branche zu heben, wäre es notwendig, die Konstruktion und Entwicklung in stärkerem Maße zu fördern, denn die Werke sind im Verhältnis zur Entwicklung und Fertigung auf dem Weltmarkt zu schwach."

Von 20. November 1956 bis zum 5. Mai 1958 sind keine privaten Aufzeichnungen August Kottmanns vorhanden, was darauf schließen läßt, daß er die Weiterentwicklung sehr skeptisch beurteilte oder gar resignierte. Im Büromaschinenwerk war von „Typenbereinigungen bei Büromaschinen" die Rede. Im Jahr 1959 fanden mehrere Betriebsbegehungen statt. Inzwischen kamen junge, gut ausgebildete neue Ingenieure in das Werk. Kottmann notierte am 9. Februar und am 15. März 1960: „Aussprache mit der jungen Intelligenz". Vermutlich führte das auch zu einer Umorientierung und Produktionsänderung.

Bis zu diesem Zeitpunkt waren die Transistoren bereits auf dem Vormarsch. Als 1968 die integrierten Schaltkreise und 1972 die Chips die Weiterentwicklung der Rechenmaschinen stoppten, und die ersten Computer auf den Markt kamen, war August Kottmann schon nicht mehr daran beteiligt.

Noch bevor der Übergang zur Elektronik in der Büromaschinenfertigung vollzogen war, schied August Kottmann, hochgeehrt, am 5. Oktober 1961 aus. Er gehörte dem Werk seit 1911 mit kurzen kriegsbedingten Unterbrechungen an. Am 5. Mai 1975 starb er mit 79 Jahren in Sömmerda.

9 Das neue Zeitalter in der Rechentechnik

1. Der Übergang von der Elektromechanik zur Elektronik

Seit 1957 kamen erstmalig junge Konstrukteure und Spezialisten mit Hochschulausbildung auf den Gebieten Feingerätetechnik und Elektronik in das Büromaschinenwerk Sömmerda. Sie brachten neue Erkenntnisse aus der Computertechnik mit. Ihnen war bekannt, daß das erste „Elektronengehirn" noch aus dem Jahre 1945 stammt. Zwei Jahre später begann das Rennen um die Miniaturisierung der Computer auf der Basis des Halbleiter-Materials „Germanium", und es entstand der erste funktionsfähige Transistor. Solche Transistoren werden in allen elektronischen Geräten benötigt. Bald stellten die Fachleute fest, daß diese Transistoren auch in Rechenmaschinen Verwendung finden könnten. Die Transistoren haben das Potential zur praktisch unbegrenzten Verkleinerung und Zusammenfassung auf einer kleinen Fläche. Das ließ sich für die unzähligen Rechenvorgänge in Rechenmaschinen nutzen. 1958 entstand der erste „integrierte Schaltkreis"; es war die erste Version eines Computer-Chips.

Der Übergang von der Elektromechanik zur Elektronik in der Rechenmaschinenkonstruktion war bereits sichtbar. 1961 brachte die englische Firma Bell Punch die erste vollelektronische Rechenmaschine mit dem Namen „Anita" auf den Markt. Damit war das Ende der mechanischen und elektrischen Rechenmaschinen angezeigt.

Im Büromaschinenwerk Sömmerda wurde noch immer der elektrische Antrieb mit mechanischer Übertragung im Gerät kombiniert. Bald jedoch hielt die Elektronik Einzug in das Sömmerdaer Büromaschinenwerk. Durch die Elektronik konnten alle Daten durch elektrische Energie mit Hilfe von elektronischen Elementen übertragen und umgewandelt werden. Unter dem

Warenzeichen „Soemtron" wurde im Büromaschinenwerk ab 1962 der Übergang zur Elektronik vollzogen. In modernsten Entwicklungslabors und Produktionsstätten entstand 1962 die erste marktfähige elektronische Fakturiermaschine. Maschinen für EDV-Anlagen - sogenannte periphere Geräte der EDVA - und elektronische Tischrechner wurden Bestandteil des Produktionsprogramms.

2. Elektronische Tischrechner

In dieser Zeit kommt eine Gruppe von Rechenmaschinen auf den Markt, die sich in ihren Leistungsmerkmalen deutlich von der gesamten bisherigen Rechentechnik unterscheidet: Elektronische Tischrechner mit Druck und Anzeige.

Elektronische Rechenmaschinen sind keine Weiterentwicklung konventioneller Rechenmaschinen. Sie sind ein Produkt der modernen elektronischen Computertechnik, denn die Funktionen des Rechnens und Speichers werden von Bauelementen der Elektronik ausgeführt. Dennoch haben die elektronischen Rechenmaschinen mit den konventionellen Rechenmaschinen vieles gemeinsam. Dem Eingabewerk konventioneller Rechenmaschinen entspricht das Eingaberegister elektronischer Rechenmaschinen; dem Rechenwerk entspricht das Akkumulatorenregister; dem Umdrehungszählwerk das Multiplikations-/Divisionsregister; dem Ausgabewerk entspricht das Ausgaberegister.

Elektronische Tischrechner sind für den Dauereinsatz im Büro vorgesehen. Die Dateneingabe erfolgte über eine Zehnertastatur. Neben der Zehnertastatur mit den Zifferntasten waren die Funktionstasten angeordnet.

Tischrechner wurden mit einer Anzeigeeinrichtung (LED- oder LCD-Anzeige) ausgestattet. Sie arbeiteten geräuschlos. Wenn Kontrollrechnungen erforderlich waren, wurde eine druckende Maschine vorgezogen. Tischrechner mit Anzeige- und Druckeinrichtung vereinigten die Vorteile der beiden Ausgabeeinrichtungen. Der Abdruck der Ausgabedaten konnte in vielen Geräten ein- oder zweifarbig erfolgen. Als Farbträger dienten Farbbänder. Die Mehrzahl der druckenden Modelle verwendete Papierrollen.

Auf dem internationalen Markt gab es ab 1979 eine Flut von Tischrechnern, die gleichzeitig drucken (auch mit Thermodruck) und anzeigen konnten. Es waren überwiegend Geräte aus asiatischer oder amerikanischer Produktion. Das Geburtsjahr des Tischrechners für den technisch-wissenschaftlichen Einsatz war schon 1965. Zugleich kamen die ersten programmierbaren Tischrechner auf den Markt. Heute ist die Trennung zwischen Tischrechnern und Minicomputern schon fließend.

Im Büromaschinenwerk Sömmerda begann die Konstruktion elektronischer Tischrechner 1966. Es gab folgende Modelle:

ETR 220: der anzeigende Tischrechner,
serienmäßige Herstellung 1966 bis 1977;
ETR 222: der anzeigende Tischrechner mit weiteren Funktionen,
serienmäßige Herstellung 1970 bis 1972;
ETR 224: der druckende Tischrechner,
serienmäßige Herstellung 1968 bis 1974;
TR 20: Tischrechner mit Thermodrucker,
serienmäßige Herstellung 1985 bis 1990.

Tischrechner
Modell ETR 222

Es kann nicht mehr festgestellt werden, warum die Produktion der ETR-Tischrechner eingestellt wurde. Vielleicht waren es neuere Entwicklungen aus der Computertechnologie, die Sömmerdaer Konstrukteure veranlaßten, diese Erkenntnisse in ein neues Tischrechnermodell einzubringen. Erst 1985 begann daher die Produktion des druckenden Tischrechner TR 20. Die Produktion wurde aber schon 1990 wieder eingestellt.

Tischrechner mit Thermodrucker Modell TR 20

Viele Einrichtungen, die man bei konventionellen Rechenmaschinen zur Sonderausstattung zählte, gehörten bei den elektronischen Tischrechnern zur Standardausrüstung. Die Funktionsweise bei den konventionellen Rechenmaschinen und den elektronischen Tischrechnern ist gleich. Nur die Übertragungsmöglichkeit zwischen den Arbeitsspeichern und den freien Speichern war größer.

Es gab anzeigende elektronische Tischrechner mit Leuchtzifferröhren und Tischrechner, die mit einem Bildschirm ausgestattet waren.

3. Elektronische Fakturierautomaten

Erst nach 1968 begann die große Zeit der Fakturierautomaten. Bis dahin verstand man unter Fakturiermaschinen Schreibmaschinen mit Multiplikations- und Additionseinrichtungen. Heute sind Fakturierautomaten Maschinen, in die alphanumerische Daten eingegeben, additiv, subtraktiv und multiplikativ verrechnet, gespeichert und durch ein Druckwerk ausgegeben werden können. Darüber hinaus können Zusatz- und Sondereinrichtungen die Anwendungsmöglichkeiten erweitern. Oft wird daher die Bezeichnung „Abrechnungsautomat" verwendet.

Ein Fakturierautomat besteht im allgemeinen aus fünf Werken (Einheiten): Eingabewerk, Rechenwerk, Speicherwerk, Steuerwerk und Ausgabewerk.

Im Büromaschinenwerk Sömmerda wurden folgende elektronische Maschinen der Fakturier- und Buchungstechnik hergestellt:

EFA 380: Elektronischer Fakturierautomat, bis 1962 zur Herbstmesse fertiggestellt;

EFA 381: Nachfolgemodell; Beginn der Herstellung 1964, Ende der Produktion 1969. Im Vergleich zum EFA 380 war das Speichersystem verbessert worden. Der Fakturierautomat EFA 381 kombinierte eine elektrische Schreibmaschine mit einer elektronischen Rechen-, Speicher- und Programmiereinheit. Er trug das neue Warenzeichen „Soemtron";

EFA 372: Elektronischer Fakturierautomat. Beginn der Herstellung 1968, Ende der Produktion 1970;

EAA 382 - 385: Mit der Herstellung der elektronische Fakturierautomaten dieser Baureihe wurde 1969 begonnen, Ende der Produktion 1982;

KFA 372: Kleinfakturierautomat. Beginn der Herstellung 1969, Ende der Produktion 1972.

Elektronischer Fakturierautomat EFA 381

Fakturierautomat EAA 382

4. Buchungs- und Fakturierautomaten

Buchungsmaschinen haben in den letzten Jahren viele Funktionen anderer Büromaschinen übernommen, so daß Abgrenzungen gegenüber diesen Maschinen schwer sind. Gegenwärtig wird folgende Begriffsbestimmung für Buchungsmaschinen für zutreffend gehalten: *Buchungsmaschinen sind Büromaschinen, bei denen durch Tastaturen Daten und Buchungstexte eingegeben werden können. Sie besitzen besondere Einrichtungen zur Spaltenansteuerung und damit gekoppelter Datenaufrechung, die durch einen Programmträger maschinell gesteuert werden. Ihr Rechenbereich umfaßt ausschließlich Addition und Subtraktion. Buchungsmaschinen besitzen typische Einrichtungen zum Druck von Daten und Abbuchungstexten auf einem Konto.*

Im Büromaschinenwerk Sömmerda sind folgende Buchungs- und Fakturierautomaten hergestellt worden:
BFA 1720: Buchungs- und Fakturierautomat. Serienmäßige Herstellung 1975 bis 1985. Dieser Automat erhielt auf der Leipziger Messe 1975 die Goldmedaille.

Buchungs- und
Fakturierautomat
BFA 1720

KFA 1711: Kleinfakturierautomat. Serienmäßige Herstellung 1978 bis 1986. Dieser Fakturierautomat war erstmalig mit einem Mikroprozessor ausgestattet. Er enthielt einen mikroelektronischen Baustein, der Rechen- und Steuerfunktionen erfüllte.

Kleinfakturierautomat KFA 1711

Um Kapazitäten für die Herstellung der neuen Geräte zu schaffen, wurde die Fertigung mechanischer Büromaschinen weitgehend eingestellt. Erst liefen die Addier- und Saldiermaschinen aus (1966), dann in Etappen die verschiedenen Modelle der Rechenmaschinen (Halbautomaten 1961, Rechenautomaten 1971).

5. Elektronische Taschenrechner

Elektronische Taschenrechner haben endgültig die Rechenmaschinen konventioneller Art abgelöst. Diese Taschenrechner sind wegen der geringen Abmessungen und des geringen Gewichtes geeignet, in der Hand bedient zu werden. Für ein Dauergebrauch im Büro sind Taschenrechner aus arbeitsmedizinischen Gründen nur bedingt tauglich.

LED-Anzeige eines Taschenrechners

LCD-Anzeige eines Taschenrechners

Die Datenanzeige kann durch LED-Leuchtdioden oder durch LCD-Flüssigkeitskristalle erfolgen. Bei der LED-Anzeige leuchten die Daten je nach Modell in verschiedenen Farben auf. Bei der LCD-Anzeige kann man die Daten durch Hell-Dunkel-Unterschiede lesen. Der Stromverbrauch dieser Anzeige ist sehr gering. Nachteilig ist die mangelhafte Erkennbarkeit der Zahlen bei nicht ausreichender Beleuchtung.

Elektronische Taschenrechner wurden im Büromaschinenwerk Sömmerda nicht hergestellt.

Wissenschaftlicher Taschenrechner mit Solar-Betrieb

10 Der Übergang zur PC-Technik in Sömmerda

1. Die Mikroelektronik setzt sich durch

Mit dem Einzug der Elektronik und der Mikroelektronik veraltete schnell die bisherige Produktionspalette. Die Folge war die Umstellung eines Großteils der Produktion auch im Sömmerdaer Büromaschinenwerk. Als die Produktion auf Büro-, Personal- und Arbeitsplatzcomputer ausgeweitet wurde, entwickelte sich die Stadt Sömmerda zur „Hauptstadt der Computer". Das ging nicht ohne Probleme vonstatten, die aber alle gemeistert wurden.

Von 1981 bis 1985 vervierfachte sich die Anzahl neuer Produkte im Büromaschinenwerk Sömmerda. Die damals weiter oder neu entwickelten Maschinen auf mikroelektronischer Basis waren die Grundlage dafür, daß das Büromaschinenwerk zum größten Produzenten von Personalcomputern und zum einzigen Hersteller dieser Hardware in der DDR wurde.

2. Der Bürocomputer A 5110

1981 entwickelten die Konstrukteure des VEB Kombinat Robotron den Bürocomputer A 5110, ein Gerät in Tischform der Mittleren Datentechnik. Die Bezeichnung wurde bewußt gewählt. Sie war zutreffend, denn diese Gerate gehören zwar noch zu den Büromaschinen, weil sie für die Bereiche Fakturierung, Finanzbuchhaltung, Materialwirtschaft, Lohn- und Gehaltsabrechnung geeignet sind. Es handelt sich aber hier nur um eine Übergangslösung zum Computer. Zur Handware gehören u. a. die zentrale Recheneinheit, der Betriebssystemspeicher, die Kleinanzeige, der Typenraddrucker mit einer Ausgabegeschwindigkeit von 40 Zeichen je Sekunde sowie die Doppellaufwerke für die Disketten. Ergänzt wird der Bürocomputer durch ein umfangreiches Softwareangebot.

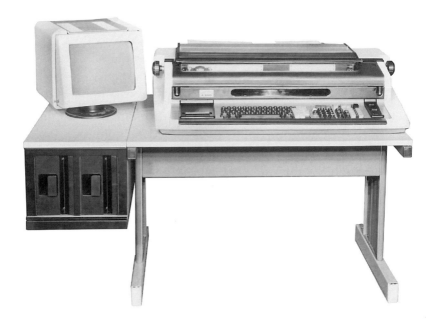

Der Bürocomputer A 5110

3. Personalcomputer

1985 begann die Produktion des Personalcomputers. Als erster selbstentwickelter 8-Bit-Rechner läutete er einen weiteren Schritt in das neue Zeitalter der Rechentechnik ein. Der PC 1715 sollte zunächst unter der Hand für einen russischen Partner entwickelt werden.

Der PC 1715 war erheblich leistungsfähiger als sein Vorgänger, der Bürocomputer A 5110. Mit ihm bot sich zum ersten Male die Möglichkeit, in der Verwaltung in großem Maßstab elektronische Datenverarbeitung einzuführen. Es wurden folgende Modelle hergestellt:

PC 1715: 8-Bit-Rechner, serienmäßig produziert ab 1985. Die Produktion wurde 1989 eingestellt.

EC 1834: 16-Bit-Rechner, serienmäßig produziert ab 1987. Die Produktion wurde 1989 eingestellt.

Personalcomputer
PC 1715

Der 1987 im Werk entwickelte 16-Bit-Computer EC 1834 war der Einstieg in eine neue Computergeneration. Wie schon beim PC 1715 betrug der Abstand zur weltweiten Computerentwicklung, die in Amerika und Japan am weitesten fortgeschritten war, eine Generation, und das waren damals fünf bis acht Jahre.

Eine entscheidende Änderung für das Büromaschinenwerk Sömmerda brachte der Staatsvertrag über die Einführung der Währungs-, Wirtschafts- und Sozialunion zwischen der Bundesrepublik und der DDR, der am 1. Juli 1990 in Kraft trat. Das Produktionsprogramm mußte erweitert oder ergänzt werden. Es entstanden folgende Modelle:

EC 1835: ein Personalcomputer, der 1990 in Serie ging;
PC 286: 16-Bit-Rechner mit dem INTEL-Prozessor 80286, der 1991 in Serie ging und den Namen „Soemtron" erhielt.
PC 386: 32-Bit-Rechner mit dem INTEL-Prozessor 80386, der ebenfalls 1991 entwickelt wurde.
PC 486: 32-Bit-Rechner mit dem INTEL-Prozessor 80486.

Diese Personalcomputer erreichten den Standard westlicher Produkte. Sie wurden 1990 auf der Leipziger Herbstmesse vorgestellt.

Personalcomputer EC 1835

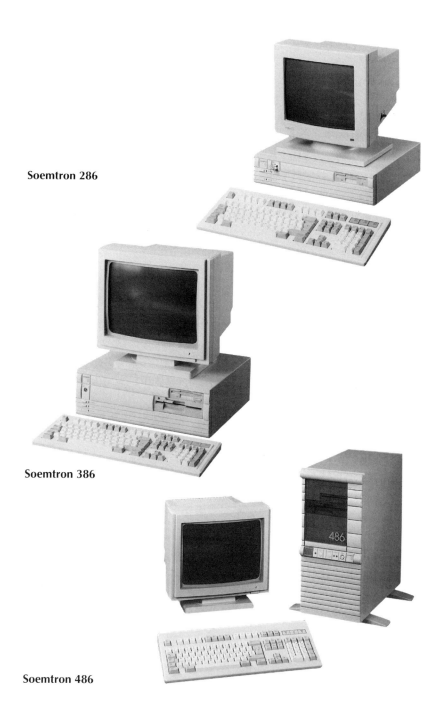

Soemtron 286

Soemtron 386

Soemtron 486

Das Büromaschinenfabrik Sömmerda, hervorgegangen aus dem Rheinmetallwerk, war über Jahrzehnte hinweg eine Technologie-Hochburg, in die seit 1985 auch die PC-Technik etabliert wurde. Ein Werk, das eine Produktion mit allen Fertigungsstufen bis zum eigenen Heizwerk umfaßte, ist jedoch bald technisch überholt und gilt als veraltet. Das Unternehmen war nach der Vereinigung der beiden deutschen Staaten auf den Weltmärkten nicht mehr konkurrenzfähig. Der Geschäftsbetrieb im ehemaligen Büromaschinenwerk wurde am 31. Dezember 1991 eingestellt, und ab 1. Januar 1992 befand sich das Werk in der Liquidation. Mit der endgültigen Schließung des traditionellen Unternehmens im Jahre 1995 endet die Geschichte der Schreib- und Rechenmaschinenproduktion in Sömmerda.

Der gute Ruf, den die Büromaschinenproduktion und die Bürotechnik aus Sömmerda seit 1920 international besaß, wird in einigen Produktionsstätten im Industriepark und am Südende des Ortes bei der Firma Fujitsu - wenn auch im veränderten Umfang - weitergeführt. Dort werden Computer und Bildschirme in sehr hohen Stückzahlen montiert und damit die Tradition des Standortes Sömmerda fortgeführt.

Anhang

Aus der Neujahrspublikation der Grimme, Natalis & Co. KGaA, Braunschweig, Dez. 1913

1 Briefmarken zur Rechentechnik

Charles Babbage (1792-1871),
Erfinder einer mechanischen
Rechenmaschine

350 Jahre Rechenmaschine,
Wilhelm Schickard

Addiermaschine mit Buch,
Dänemark 1965

250 Jahre
G. W. Leibniz,
Deutschland
1966

Pascal (1623-1662), Frankreich 1962

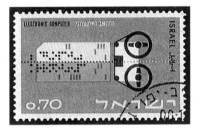

Lochkarte, Israel 1964

Fortschritt der Elektronik, Transistor,
USA 1973

2 Der Rechenmaschinenbau in Deutschland ab 1900

1. Die Zeit bis zum Ersten Weltkrieg

Die Bürokratisierung ging mit der Mechanisierung der Büroarbeit Hand in Hand. Als erste Maschine gelangte die Schreibmaschine in die Büros. Das Jahr 1900 markiert den Zeitpunkt, an dem weitere Büromaschinen begannen, ihren Einzug in die Büros zu halten: die Addier- und Rechenmaschine. Die Einführung der Rechenmaschine fiel zeitlich zusammen mit Bestrebungen, das industrielle Rechnungswesen zu organisieren und als Instrument der laufenden Erfolgskontrolle einzusetzen. Dabei war die Rechenmaschine eine große Hilfe. Die Einführung ging wie zuvor bei der Schreibmaschine von der amerikanischen Büromaschinenindustrie aus, die sehr leistungsfähige Addiermaschinen auf den Markt brachte. Die Bemühungen um die Konstruktion und Entwicklung der Rechenmaschinen fanden auch in Deutschland ihren Niederschlag, vorwiegend in der Nähe optischer und feinmechanischer Betriebe. So entstanden in Deutschland insbesondere in Thüringen, in Sachsen, im Schwarzwald und in Braunschweig Schwerpunkte der Herstellung von Addiermaschinen, rechnenden und schreibenden Rechenmaschinen und Buchungsmaschinen. In Berlin wurden vor der Jahrhundertwende bereits Rechenhilfsmittel hergestellt. 1888 erhielt der Flugpionier Otto Lilienthal ein Patent für einen Rechenapparat. 1896 konstruierte Runge eine Addiermaschine mit zwei Tastenreihen, und 1899 entwickelte die Firma Frister & Rossmann eine Addiermaschine mit Tasten. Diese Maschinen kamen aber nicht über das Versuchstadium hinaus.

Die folgende Aufstellung erhebt keinen Anspruch auf Vollständigkeit aller in Deutschland hergestellten Addier- und Rechenmaschinen. Bis zum Beginn des Weltkrieges 1914 wurden in Deutschland folgende Addier- und Rechenmaschinen entwickelt und fabriziert:

- **„Brunsviga"** **(1892).** Nachbau der Odhner-Sprossenradmaschine, unter dem Namen „Brunsviga" in Braunschweig hergestellte Rechenmaschine. Verschiedene Modelle, System Franz Trinks*). Ab 1900 sind verschiedene Verbesserungen vorgenommen und eigene Modelle mit mehreren Varianten produziert worden, z. B. Sprossenradmaschinen mit Einstellhebeln, Handbetrieb und elektrisch angetrieben, später auch Volltastaturmaschinen. Bis 1957 wurden etwa 500 000 Rechen-

Rechenmaschine „Brunsviga", Modell 1905

*) Der Rechenmaschinenpionier Franz Trinks lebte von 1852 - 1931

maschinen hergestellt. 1958 übernahmen die Olympia-Werke die Produktion. Nach 66 Jahren erlosch der Name „Brunsviga". Hersteller: Grimme, Natalis & Co., Braunschweig.

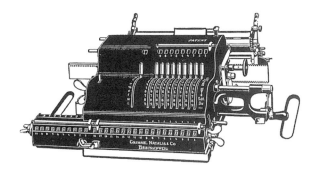

Trinks-Arithmotyp PATENT, 1908, mit Schreibwerk

- **„Berolina" (1901)**, älteste Sprossenradmaschine mit zwei Resultat- und zwei Umdrehungszählwerken. Die Maschine wurde bis 1923 hergestellt.
  Hersteller: Ernst Schuster, Berlin.

- **„Adix" (1903)**. Addiermaschine mit neun Tasten. Das Addieren wurde durch einen Tastenanschlag ausgeführt. Sie wurde in einem Etui geliefert. Spätere Konstruktionen trugen die Namen „Diera" (1906) und „Kuli" (1909).
  Hersteller: Adix & Co., später Adolf Bordt, Mannheim.

- **„Plus" (1903)**. Nichtdruckende 10-Tasten-Addiermaschine. Späterer Name „Mercedes-Plus".
  Konstrukteur: Christel Hamann, Berlin.
  Hersteller: Mercedes-Bureaumaschinenwerke, Berlin.

- **„Triumphator" (1904)**. Sprossenradmaschine mit Zehnerübertragung im Umdrehungszählwerk. Es wurden mehrere Modelle mit unterschiedlichen Stellen im Einstell- und Um-

drehungszählwerk hergestellt, einige Modelle auch mit Rückübertragung.
Hersteller: Triumphator-Werk Heer & Co., Leipzig-Mölkau.

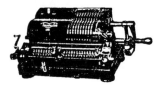

Triumphator Sprossenrad-Rechenmaschine, 1904, mit Einstellhebel

- **„Peerleß" (1904)**. Staffelwalzenmaschine mit Einstellhebeln. Die „Badenia" ist eine „Peerleß" mit Tastatur. Verschiedene Modelle der „Badenia". „Badenia-Rapid Peerleß", Tastenmaschinen für den Handbetrieb, später auch elektrisch angetrieben. Der Name „Peerleß" war seit mehr als 30 Jahren im Ausland bekannt, während im Inland die Marke „Badenia" verwendet wurde, um damit auf das Ursprungsland hinzuweisen.
Hersteller: Math. Bäuerle, St. Georgen (Schwarzwald).

Badenia, 1904,
Tastenmaschine mit
elektrischem Antrieb
für vier Rechenarten

- **„Matador"** (1905). Einzelreihen-Addiermaschine mit Einstellhebeln.
  Hersteller: Rechenmaschinenfabrik Grimme, Natalis & Co., Braunschweig.

- **„Gauß"** (1905). Die Maschine besitzt keine Staffelwalzen, sondern nur ein Schaltorgan in Form einer abgewickelten Staffelwalze; später „Mercedes-Gauß".
  Konstrukteur: Christel Hamman, Berlin.
  Hersteller: Mercedes-Büromaschinenwerke, Berlin.

- **„Mercedes"-Euklid" (1905).** Rechenmaschine mit neuen Konstruktionsprinzipien. Von 1911 an erfolgte die Herstellung von Modell 1 serienmäßig. Mehrere Modelle: Handmaschinen mit Schiebereinrichtung, Handmaschinen mit flacher Würfeltastatur, Modell 7 mit elektrischem Antrieb und Schiebereinstellung, Modell 8 mit elektrischem Antrieb und Tasteneinstellung, ab 1929 kombinierter Voll- und Halbautomat, Rechenautomat (1931), Ganzautomat (1934).
  Konstrukteur: Christel. Hamman, Berlin.
  Hersteller: Mercedes-Bureaumaschinenwerke, Berlin.

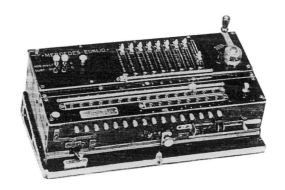

Mercedes-Euklid.
1905, Modell 1,
Handmaschine mit
Schiebereinstellung

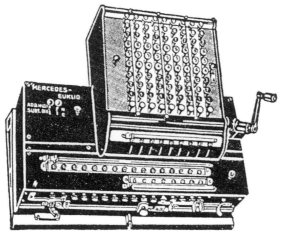

Mercedes-Euklid,
1905, Modell 4,
Handmaschine mit
Tasteneinstellung

- **„Arithstyle"** (1906). Neunstellige Kleinaddiermaschine mit Ketteneinstellung.
  Hersteller: Gesellschaft für Maschinenbau GmbH, Berlin.

- **„X x X"** (1906). Staffelwalzenmaschine in zwei Ausführungen, mit Einstellschiebern und Griffbretteinstellung.
  Hersteller: Seidel & Naumann, Dresden, ab 1919 Presto Bureaumaschinenbau-Gesellschaft, Dresden.

- **„Archimedes"** (1906). Staffelwalzenmaschine. Modelle A bis C mit Schiebereinstellung, ab Modelle D und E (1915) mit Tasteneinstellung. Später auch ein Zweiwerke-Automat, der zwei Rechenwerke mit eigenen Staffelwalzen enthielt.
  Hersteller: ursprünglich Fischer & Pöthig, Glashütte, ab 1912 Glashütter Rechenmaschinenfabrik Reinhold Pöthig.

Archimedes, 1906, Staffelwalzenmaschine mit Schiebereinstellung und Zehnerübertragung

- **„Tim" (1907)**. Staffelwalzenmaschine (System Thomas) mit Schiebereinstellung, doppeltes Zählwerk. Spätere Modelle mit Tasteneinstellung für Handbetrieb oder elektrischem Antrieb.
  Hersteller: Ludwig Spitz & Co., GmbH, Berlin.

- **„Unitas" (1907)**. „Unitas" ist die Bezeichnung für die „Tim" mit doppeltem Zählwerk. Rechenmaschine mit Schiebereinstellung und Handbetrieb. Spätere Modelle mit Tasteneinstellung für Hand- und elektrischen Betrieb.
  Hersteller: Ludwig Spitz & Co., GmbH, Berlin.

Tim und Unitas, 1907, Rechenmaschinen mit Schiebereinstellung

- **„Union" (1907)**. Rechenscheibe mit Stiftbedienung.
  Hersteller: Dr. Albert Hauff, Berlin.

- **„Bordt" (1908)**. Volltastatur-Addiermaschine, Druckvorrichtung an der rechten Seite der Maschine.

Hersteller: Adolf Bordt, Additions-Maschinen Fabrik, Mannheim. Die Fabrikation wurde später nach Leipzig verlegt und in Firma Bordt & Behrens umgeändert.

- **„Greif"** (1908). Klein-Addiermaschine mit Kettenantrieb und Stiftbedienung, Einstellkontrollwerk.
  Hersteller: Gesellschaft für Maschinenbau, Berlin.

Klein-Addiermaschinen Greif, 1908

- **„Argos"** (1909). Klein-Addiermaschinen mit Kettenantrieb, ähnlich der „Greif" (1908).
  Hersteller: Gesellschaft für Maschinenbau und Präzisionstechnik mbH, Berlin.

- **„Comptator"** (1909). Klein-Addiermaschine, Zahnstangenantrieb und Stifteinstellung, neun- und dreizehnstellig.
Hersteller: Schubert & Salzer, Chemnitz, seit 1922 Hans Sabielny, Dresden.

- **„Adam Riese"** (1909). Nichtdruckende Addiermaschine mit Kontrollwerk für die einzelnen Summanden. Zehnerübertragung im Summierwerk. Die Maschine wurde nur kurze Zeit hergestellt.
Konstrukteur: Christel Hamann, Berlin.

- **„Merkur"** (1910). Druckende Addiermaschine mit Volltastatur.
Hersteller: Benno Knecht, Berlin.

- **„Kollektor"** (1910). Addiermaschine, Einstellung über vier Schaltflächen.
Hersteller: Uhrenfabrik Bürk Söhne, Schwenningen/Neckar.

- **„S & N"** (1910). Klein-Addiermaschine mit Kettenantrieb und Stifteinstellung. Mehrere Modelle.
Hersteller: Seidel & Naumann, Dresden.

- **„Hermes"** (1911). Rechenmaschine mit verschiebbaren Zahnstangen.
Hersteller: Benno Knecht, Berlin.

- **„Calculator"** (1911). Sprossenradmaschine mit Sperrvorrichtung, Kurbelantrieb.
Hersteller: Köpfer & Söhne GmbH, Furtwangen (Baden).

- **„Thales"** (1911). Sprossenrad-Rechenmaschine, mehrere Modelle.
Hersteller: Thaleswerk Rechenmaschinenfabrik GmbH, Rastatt (Baden).

EIN GUTER RAT

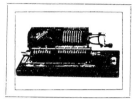

für den Händler und den Wiederverkäufer ist die sofortige Sicherung des Vertriebs der sich für jeden Betrieb eignenden

Thales=Rechenmaschine

Modell A, 13stellig – Modell B, 18stellig – Modell C, 13stellig
mit durchgehender Zahnübertragung, gleichgrossen, nur weissen Zahlen und selbsttätiger Umschaltung von Multiplikation auf Division und umgekehrt

Thaleswerk m. b. H., Rechenmaschinenfabrik, Rastatt (Baden)

Thales-Sprossenradmaschine, 1911

- **„Teetzmann"** (1912). Sprossenradmaschine mit neun Einstellhebeln und Kontrollschaulöcher.
  Hersteller: Teetzmann & Co. GmbH, Berlin.

- **„Trick"** (1912). Addiermaschine mit Stiftbedienung.
  Hersteller: Christel Hamann, Berlin.

- **„Michel Baum"** (1913). Addiermaschine mit Stifteinstellung in Einstellziffern, die auf einem Halbkreis angeordnet sind.
  Hersteller: Michel Baum, München.

- **„Argos"** (1913). Klein-Addiermaschine mit Kettenantrieb, ähnlich der „Greif" (1908).
  Hersteller: Gesellschaft für Präzisionstechnik, Berlin.

- **„Record"** (1914). Staffelwalzenmaschine mit Tastenbedienung, mehrere Modelle, auch schreibende Rechenmaschine mit elektrischem Antrieb.
  Hersteller: H. Oehlmann & Co., Oldenburg, später Berlin.

- **„Lipsia"** (1914). Miniatur-Rechenmaschine nach dem Sprossenradsystem. Mit oder ohne automatischer Schlittenverschiebung. Verschiedene Modelle. Ab 1933 wurde die siebenstellige Maschine auch druckend hergestellt.
  Hersteller: Lipsia-Rechenmaschinenfabrik O. Holzapfel & Cie., Leipzig.

Lipsia-Rechenmaschine mit Sprossenradsystem, 1914, Büro-Ausstellung 1926

- **„Phönix"** (1914). Achtstellige, nichtschreibende Volltastatur-Addiermaschine.
  Hersteller: Phönix Bureaumaschinenwerke Robert Laupitz, Radebeul.

- **„Rema"** (1915). Sprossenradmaschine mit Einstellhebeln und Einstellschaulöchern. Später wurde auch eine Sprossenradmaschine mit Tasteneinstellung gebaut.
  Hersteller: Braunschweiger Rechenmaschinenfabrik Rema GmbH, Braunschweig.

- **„Continental"** (1916). Schreibende Volltastatur-Addier- und Saldiermaschine. Saldierung unter Null, mehrere Modelle, später auch Buchungsmaschinen.
  Hersteller: Wanderer-Werke AG, Schönau.

2. Die Zeit von 1919 bis zum Zweiten Weltkrieg

Nach dem Ersten Weltkrieg begann auch in Deutschland wieder die Herstellung von Addiermaschinen, Rechenmaschinen und Buchungsmaschinen. Viele alte und neue Firmen erschienen mit leistungsfähigen Maschinen auf dem Markt, den im wesentlichen aber die Amerikaner mit ihren Maschinen beherrschten. Ab 1919 wurden folgende Maschinen entwickelt und hergestellt. Die Übersicht erhebt nicht den Anspruch der Vollständigkeit:

- „Adma" (1919). Nichtschreibende Volltastatur-Addiermaschine. Maschine mit 10 Stellen im Resultat- und Einstellwerk, ab 1921 auch mit elektrischem Antrieb.
  Hersteller: AG für feinmechanische Industrie, Leipzig.

- „Urania-Vega" (1919). Erste deutsche Schreibrechenmaschine, vier Zählwerke.
  Hersteller: Clemens Müller AG, Dresden.

- „Addiator" (1920). Rechengerät mit Zahlenschiebern und Hakenzehnerübertragung, mehrere Modelle. Konstrukteur: Carl Kübler. 1990 wurde die Produktion eingestellt.
  Hersteller: Addiator-GmbH Rechenmaschinenwerke Berlin, ab 1963 in Wolfach (Schwarzwald).

Addiator CREDIT, 1920, Rechengerät mit Zahlenschiebern

- **„Surot"** (1920). Neunstellige Kleinaddiermaschine mit Zahnstangeneinstellung.
  Hersteller: Schubert & Rother, Dresden, ab 1921 Cosmos Büromaschinen, Berlin.

- **„Saldo"** (1920). Erste Rechenmaschine mit Staffelwalzenantrieb, spätere „Rheinmetall".
  Hersteller: Rheinmetall, Sömmerda/Thüringen.

- **„Summator"** (1921). Neunstellige Kleinaddiermaschine mit Zahnstangenantrieb und verschiebbarem Kommazeiger.
  Hersteller: Hans Sabielny, Dresden.

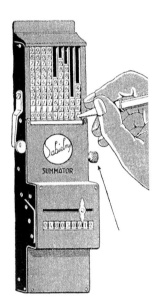

Kleinaddiermaschine
Summator, 1921

- **„Goerz"** (1921). Sichtbar schreibende Volltastatur-Addiermaschine mit Hand- oder elektrischem Antrieb. Später auch Buchungsmaschinen in mehreren Modellen.
  Hersteller: Optische Anstalt C. P. Goerz (später Zeiß Ikon AG) Berlin.

- **„Hannovera"** (1921). Sprossenradmaschine, mehrere Modelle mit unterschiedlichen Einstellhebeln, Kurbeldrehung.
  Hersteller: Hannovera Rechenmaschinenfabrik, Peine.

- **„Weiskopf"** (1921). Zehnstellige Addier- und Subtrahiermaschine.
  Hersteller: Weiskopf & Hetschko, Rechenmaschinenbau, Fürth.

- **„Orga-Constant** (1921). Ursprünglicher Name „Pythagoras". Sprossenradmaschine mit neun Stellen im Einstellwerk.
  Hersteller: Maschinenbau Koch, Berlin, später Bing-Werke, Nürnberg.

- **„Astra"** (1922). Addier- und Saldiermaschine mit 10 Tasten, mehrere Modelle, später auch Buchungsautomaten.
  Beginn der Entwicklung der ersten Addiermaschine mit Einfach-Tabulator bereits ab 1919. 1922 wurden die ersten drukkenden Addiermaschinen mit Handbetrieb gefertigt. Es folgten in den Jahren 1921 bis 1928 die Modelle A bis D. 1929 begann die zweite Periode mit den Modellen J, K und L. Beginn der Produktion der Astra-Buchungsmaschinen ab 1933. 1936 Entwicklung einer neuen Buchungsmaschine mit eingebauter Schreibmaschine.
  Hersteller: Astrawerke AG, Chemnitz.

- **„Scibola"** (1922). Schreibende Kleinaddiermaschine mit Kettenantrieb.
  Hersteller: Ruthardt & Co., Stuttgart.

- **„B.U.G."** (1922). Kleinaddiermaschine mit Zahnstangeneinstellung.
  Hersteller: Zuerst wurde diese Maschine unter dem Namen „Surot" (1920) in Dresden hergestellt. Ab 1922 bei der Firma Bergmann Universal-GmbH. Berlin.

- **„Naumann"** (1922). Sichtbarschreibende Volltastatur-Addier- und Subtrahiermaschine mit Handbetrieb und später auch mit elektrischem Antrieb.
  Hersteller: Aktiengesellschaft vorm. Seidel & Naumann, Dresden.

- **„Votam"** (1922). Sichtbar schreibende Volltastaturmaschine mit 10 Tastenreihen.
  Hersteller: Ehrich & Graetz, Berlin.

- **„Monos"** (1923). Sprossenradmaschine in mehreren Modellen.
  Hersteller: Monos AG, Braunschweig.

- **„Kuhrt"** (1923). Tasten-Rechenmaschine in mehreren Modellen. Modell „Kuhrt US", schreibende Tastenrechenmaschine mit Hand- oder Motorantrieb.
  Hersteller: Deutsche Rechenmaschinenwerke AG, Leipzig.

- **„C.B.R."** (1923). Kleinaddiermaschine mit Stiftbedienung.
  Hersteller: Continentale Buero-Reform Bergmann, Berlin.

- **„Gauß"** (1924). Sprossenradmaschine mit unterschiedlichen Stellen, automatische Zehnerübertragung. Spätere Bezeichnung „Cosmos".
  Hersteller: Gauß-Rechenmaschinenfabrik, Braunschweig.

- **„Mercedes-Elektra"** (1924). Rechnende Schreibmaschine.
  Hersteller: Mercedes-Bureaumaschinenwerke, Berlin.

- **„Omiag"** (1924). Sprossenradmaschine mit Einstellhebeln und Kurbelantrieb.
  Hersteller: Optische Maschinenbau-Industrie AG, Braunschweig.

- **„Tasma"** (1924). Bereits 1920 in Berlin von Christel Hamann entwickelt. Kleinste schreibende Addiermaschine. Später er-

hielt diese mit einem Stift zu bedienende Maschine eine Tastatur.
Hersteller: Thaleswerk GmbH, Rastatt/Baden.

- **„Summograph"** **(1924)**. Schreibende Sprossenradmaschine mit Tasteneinstellung.
Hersteller: AG für feinmechanische Industrie, Leipzig.

- **„Correntator, Produx"** **(1924)**. Rechenapparat von Otto Meuter. Entwickelte 1939 den „Multator", eine Vierspezies-Rechenmaschine.
Hersteller: Addiator-Gesellschaft mbH, Berlin; ab 1953 Hamburg; Einstellung der Produktion 1973.

Multator

- **„Amigo"** **(1925)**. Schreibende Addiermaschine mit 10 Addiertasten.
Hersteller: Amigo Addiermaschinen Gesellschaft, Stuttgart.

- **„Hamann-Manus"** **(1925)**. Rechenmaschine mit Handkurbelantrieb nach dem Schaltklinkensystem. Ab 1926 „Hamann Automat", elektrische Version.
Hersteller: Deutsche Telephonwerke und Kabelindustrie AG, Berlin.

- **„Melitta" (1925)**. Miniatur-Sprossenradmaschine mit Zehnerübertragung im Umdrehungszählwerk.
  Hersteller: Mercedes Bureaumaschinenwerke, Berlin.

Melitta-Sprossenradmaschine, 1925, mit Rückübertragung

- **„Walther" (1926)**. Sprossenradmaschine. Mehrere Modelle mit Handantrieb, später mit Motorantrieb. Sie multipliziert halbautomatisch.
  Hersteller: Carl Walther, Waffenfabrik, Zella-Mehlis.

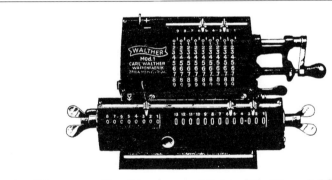

Walther, Modell 1, 1926, Sprossenradmaschine mit Einstellhebel

- **„Diamant"** (1926). Universal-Tastenrechenmaschine.
  Hersteller: Frank & Richter, Freital/Sachsen.

- **„Resulta"** (1927). Ursprünglicher Name „Minerva". Sprossenradmaschine mit Griffeleinstellung.
  Hersteller: Paul Brüning, Berlin.

- **„Minerva"** (1927). Einfache Kleinaddiermaschine mit Griffelbedienung. Späterer Name „Resulta".
  Hersteller: Paul Brüning, Berlin.

- **„Burkhardt-Arithmometer"** (1928). Bereits seit 1878 in Glashütte hergestellte Staffelwalzenmaschine. 1928 erschien noch eine Tastenmaschine mit elektrischem Antrieb.
  Hersteller. Vereinigte Werke, Glashütte (Sachsen).

- **„Expreß"** (1928). Kleinaddiermaschine mit Fingereinstellung, siebenstellig.
  Hersteller: Otto Rübner, Berlin.

- **„Cordt-Universal"** (1929). Schreibende Rechenmaschine für alle vier Rechenarten. Zusammenfügung der Staffelwalzen mit einer schreibenden Addiermaschine. Ursprünglich „Cordt-Triplex", ab 1933 „Cordt-Universal".
  Hersteller: Ursprünglich Cordt-Universal-Rechenmaschinenfabrik Glashütte. Später Mauerwerke AG, Oberndorf/Neckar.

- **„Torpedo"** (1931). Schnelladdiermaschine mit acht Tastenreihen, die nur die Tasten mit den Ziffern 1 - 5 enthielten.
  Hersteller: Torpedo-Werke AG, Frankfurt/Main.

- **„Mauser-Addi"** (1931). Schreibende Zehntasten Addier- und Subtraktionsmaschine mit Druckhebel. Mehrere Modelle mit sichtbarem Zählwerk.
  Hersteller: Mauser-Werke AG, Oberndorf/Neckar.

- **„Askania"** (1933). Rechenmaschine, erfunden von H. Fuß, Potsdam.
  Hersteller: Askania-Werke AG, Bambergwerk, Berlin.

- **„Olympia-Saldomat"** (1934). Addier- und Saldiermaschine mit zwei Zählwerken.
  Hersteller: Olympia-Büromaschinenwerke AG, Erfurt.

3. Die Nachkriegszeit bis zur Gegenwart

Während des Zweiten Weltkrieges wurde die Produktion von Addiermaschinen und Rechenmaschinen weitgehend eingestellt. Die Fabriken mußten sich auf kriegswichtige Produktionen umstellen. Viele Betriebe wurden im Verlauf des Krieges zerstört oder nach dem Kriege demontiert. Durch die Trennung Deutschlands wurde die organisch gewachsene Büromaschinenindustrie auseinandergerissen. In Ost- und Westdeutschland entwickelten sich neue Betriebe mit unterschiedlichen Fabrikationsmodellen. Nach der Entwicklung der elektronischen Tischrechenmaschinen ab 1961 war das Ende der mechanischen Rechenmaschinen gekommen. Es ist nicht immer ersichtlich, wann diese Maschinen in Deutschland hergestellt, ob sie aus Bauteilen zusammengesetzt oder nur vertrieben wurden. Auch sind die Hersteller- oder Vertriebsnamen sowie die Produktionsjahre nicht immer bekannt. Die folgende Aufstellung erhebt nicht den Anspruch auf Vollständigkeit. Hier werden die wichtigsten Maschinen in alphabetischer Reihenfolge vorgestellt:

- **„Addiator"**. Zweispezies-Rechenmaschine, Klein- und Taschenrechenmaschne, zahlreiche Modelle.
  Hersteller: Rechenmaschinenfabrik C. Kübler, Wolfach/Baden.

- **„Addimult"**. Dreispezies-Rechenmaschine, nichtdruckend.
  Hersteller: Rechenmaschinenfabrik C. Kübler, Wolfach/Baden.

- **"Addo"**. Zweispeziesmaschine, Streifendruck, 10er Blocktastatur, später Drei- und Vierspeziesmaschinen und elektronische Tischrechner.

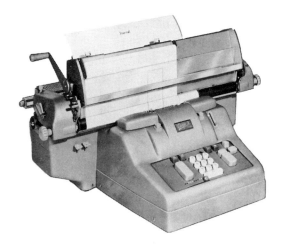

Rechenmaschine
Addo X

- **"Adler"**. Elektrische Saldiermaschinen, elektronische Tischrechner.
Hersteller: Triumph-Adler, Nürnberg.

Rechenmaschine
Adler

- **„Alpina"**. Tisch- und Taschenrechenmaschinen, nichtdruckend. Hersteller: Alpina Büromaschinenwerke GmbH, Kaufbeuren.

- **„Anker"**. Saldier- und Buchungsmaschine. Hersteller: Anker-Werke, Bielefeld.

- **„Astra"** und **„Ascota"**. Buchungsmaschinen verschiedener Baureihen 110 bis 170. 1953 erfolgte die Zusammenlegung der Astra- und Wanderer-Werke zum VEB Büromaschinenwerk Chemnitz, ein Jahr später Buchungsmaschinenwerk Karl-Marx-Stadt. 1950/51 Herstellung von Buchungsmaschinen der Klassen 4-6, Fertigung der Schnellsaldiermaschinen Klasse 110. Ab 1953 folgte die neuentwickelte Buchungsmaschine Klasse 170, später Klasse 900, die zur Weiterfertigung der Firma

Betriebsbezeichnungen im Wandel der Zeit

Optima, Erfurt, übergeben wurde. Entwicklung elektronischer Buchungsautomaten. 1959 wird das Warenzeichen „Ascota" für alle Produkte des Buchungsmaschinenwerkes eingeführt. Produktion des Röhrenrechners R12. Weiterentwicklung: Simplex-Buchungsmaschinen, Registrier-Buchungsmaschinen, Schnellsaldiermaschinen, Kleinbuchungsmaschinen, Kleinbuchungsautomaten, Datenerfassungsgeräte und Bürocomputer. Einstellung der Produktion 1993.
Hersteller: Ascota AG, Chemnitz.

- „**Contex**". Vierspezies-Rechenautomaten.
  Hersteller: Rex-Rotary Deutschland GmbH, Hamburg.

- „**Diehl**". Dreispeziesrechner, Serienrechner, speicherprogrammierter Serienrechner, druckende elektronische Rechensysteme.
  Hersteller: Diehl Rechensysteme, Nürnberg.

- „**Kienzle**". Einspezies- und Zweispezies-Saldiermaschinen, druckend.
  Hersteller: Kienzle, Villingen.

Addiermaschine Kienzle

- **„Olympia"**. Addiermaschinen, Saldiermaschinen mit Duplexwerk, Dreispeziesmaschinen, Vierspeziesmaschinen, elektronische Tischrechner.
Hersteller: Olympia-Werke AG, Wilhelmshaven.

- **„Triumph"**. Elektrische Saldiermaschinen, elektronische Tischrechner.
Hersteller: Triumph-Werke, Fürth; später Triumph-Adler, Nürnberg.

- **„Walther"**. Addiermaschinen, Handrechenmaschinen, elektronische Tischrechner.
Hersteller: Carl Walther, Zella-Mehlis; später Walther Elektronik AG, Gerstetten.

Nachwort

Längst ist entschieden, daß der Rechenschieber und die Rechenmaschinen den Kampf verloren haben, seit die Zeit der Taschenrechner begann und diese Geräte Massenware wurden. Der Umgang der billigen und preiswerten Taschenrechner mit Batterie- oder Solarbetrieb ist längst im Alltag zur Gewohnheit geworden. Das Interesse in den Büros richtete sich jedoch auf den Tischrechner, nachdem 1973 in Amerika der Personalcomputer entwickelt wurde und dann seit 1975 als Tischrechner auf den Markt kam. Diese Rechner, aus Bauteilen zusammengesetzt, sind in unzähligen Variationen auf dem Markt und werden überall angeboten. Und mit dem weiteren Vordringen der Personalcomputer im wirtschaftlichen und privaten Bereich werden sich auch die Be- und Verarbeitungsmerkmale im Schriftverkehr und im Rechnungswesen ändern.
Die Kulturtechnik des Rechnens wird sicher noch für künftige Generationen von Interesse sein. Die unterschiedlichen Maschinen und Geräte der Schreib- und Rechentechnik finden dann in Museen ihren letzten Standort und werden dort bestaunt und bewundert, wenn die Bildschirmkultur längst das Leben bestimmt.

Literatur und Bildverzeichnis

Literatur

Ernst Martin: Die Rechenmaschine und ihre Entwicklungsgeschichte, 1. Band „Rechenmaschinen mit automatischer Zehnerübertragung" 1925; limitierte Reprintauflage; Verlagsbuchhandlung B. Köntopp, Leopoldshöhe

Rheinmetall-Borsig-Mitteilungen Nr. 2/1937: Geiling: „Elektrisch angetriebene Büromaschinen"

Lind und Berger: Büromaschinen, Band 5; 1940, Winter'sche Verlagshandlung, Leipzig

Buchungsmaschinen - Auswahl und Einsatz; 1941 Gloeckner Verlagsbuchhandlung, Leipzig

Rheinmetall-Borsig-Mitteilungen Nr. 16/1942: August Kottmann: „Rheinmetall-Rechenmaschinen; Grundsätzliche Wirkungsweise - Konstruktion - Aufbau"

Bräuer, Graf, Viehweger: Organisation und Technik im Büro, 1957, Verlag DIE WIRTSCHAFT, Berlin

August Kottmann: Notizen aus den Jahren 1956 - 1959; Brief über „Entwicklung der Büromaschinen" an das Ministerium für Allgemeinen Maschinenbau, Berlin, vom 6. August 1957

E. Krüger: „Die Erzeugnisse des Büromaschinenwerkes Sömmerda", Heft 2, „Neue Technik im Büro", 1959

Büromaschinen-Kompass 1972, Fachkatalog der Büro- und Datentechnik, Buch und Presse Verlag, Berlin, 1972

Tübinger Rechenmaschine von 1623; Begleitheft einer Ausstellung 1973

Maß, Zahl und Gewicht; Begleitheft einer Ausstellung in Villingen 1985

Wir über uns – 1817 - 1945, Betriebsgeschichte des VEB Robotron-Büromaschinenwerks Sömmerda

Astra & Ascota. Anfang und Ende der Chemnitzer Büromaschinenindustrie, Chemnitz 1993

„Der Ursprung des Computers"; Aus der Rechenmaschinensammlung des Braunschweigischen Landesmuseums 1994

Historische Bürowelt; Zeitschrift des Vereins IFHB-Internationales Forum Historische Bürowelt e.V., Jahrgänge 1985 - 1995, Köln. Hier besonders die Aufsätze von Prof. Erhard Anthes, Besigheim

Annegret Schüle: BWS Sömmerda – Die wechselvolle Geschichte eines Industriestandortes in Thüringen 1816 - 1995; 1995, DESOTRON Verlagsgesellschaft

Bilder

Bilder aus Werksprospekten

Bilder aus dem Archiv der historischen Sammlung des Robotron Büromaschinenwerks Sömmerda

Bilder Astra & Ascota

Eigene Bildersammlung historischer Büromaschinen

Alfred Waize. Erfurt
1998. 144 Seiten.
120 Abb. Broschur.
14,5 x 22 cm.
ISBN 3-9803931-9-4

Der Autor schildert die Entwicklung der Schreibmaschine von den Anfängen im 17. Jahrhundert bis in die Gegenwart. Er geht auf die wichtigsten Hersteller aus aller Welt und ihre Produkte ein. Die Standardschreibmaschinen werden beschrieben, aber auch Spezialversionen kommen nicht zu kurz. Einen breiten Raum nimmt speziell die Entwicklung der Schreibmaschinenproduktion in Sömmerda ein, wo sich einer der größten Büromaschinenproduzenten der Welt befand. In einem Anhang werden heute längst vergessene Marken aus der Zeit um die Jahrhundertwende bis in die späten 30er Jahre vorgestellt. Das Buch gibt einen Einblick auf die Bestrebungen, die Büroarbeit zu rationalisieren und den steinigen Weg, den die Erfinder und Konstrukteure gehen mußten. Ein Buch was in der Bibliothek keines Bürotechnikfreaks oder Interessierten für historische Technik fehlen sollte.

Annegret Schüle. Erfurt 1995. 396 Seiten. 545 Abbildungen. 7 Karten. Ganzgewebe mit Schutzumschlag. 20,5 x 22,5 cm. ISBN 3-9803931-1-9

Die Geschichte des Büromaschinenwerkes Sömmerda (BWS) in Thüringen reicht bis zum Anfang des vorigen Jahrhunderts zurück. In seinem wechselvollen Schicksal spiegeln sich nahezu zwei Jahrhunderte deutsche Geschichte. Aus der 1816/17 von dem Schlosser Nikolaus Dreyse gegründeten Metallwarenmanufaktur wurde ein Großbetrieb, der über 175 Jahre das Schicksal der Stadt wie der Region bestimmte.

Mehrfach führten die Erfindungen aus Sömmerda zu weitreichenden Veränderungen in der militärischen und zivilen Technik. Der von Nikolaus Dreyse konstruierte Zündnadel-Hinterlader revolutionierte die Waffentechnik des 19. Jahrhunderts. Ab 1901 war der Betrieb Zweigwerk des Rüstungskonzern Rheinmetall an der Aufrüstung für die beiden Weltkriege beteiligt. Die ab 1919 in Sömmerda entwickelten Büromaschinen verschafften der Firma Weltgeltung und wurden in über 50 Länder exportiert. In den letzten Jahren des zweiten Weltkrieges wurden in Sömmerda Zünder und Steuerungselemente für die V-Waffen gebaut. Ab 1945 gewann das Werk wieder große Bedeutung als Büromaschinenwerk. 1985 wurde im Werk der erste Personalcomputer der DDR, der PC 1715, gebaut. Ende 1991 wurde das Werk von der Treuhandanstalt liquidiert und auf dem Betriebsgelände ein Industriepark errichtet. ...